T0129747

essentials

essentials liefern aktuelles Wissen in konzentrierter Form. Die Essenz dessen, worauf es als „State-of-the-Art" in der gegenwärtigen Fachdiskussion oder in der Praxis ankommt.

essentials informieren schnell, unkompliziert und verständlich

- als Einführung in ein aktuelles Thema aus Ihrem Fachgebiet
- als Einstieg in ein für Sie noch unbekanntes Themenfeld
- als Einblick, um zum Thema mitreden zu können

Die Bücher in elektronischer und gedruckter Form bringen das Expertenwissen von Springer-Fachautoren kompakt zur Darstellung. Sie sind besonders für die Nutzung als eBook auf Tablet-PCs, eBook-Readern und Smartphones geeignet. *essentials:* Wissensbausteine aus den Wirtschafts-, Sozial- und Geisteswissenschaften, aus Technik und Naturwissenschaften sowie aus Medizin, Psychologie und Gesundheitsberufen. Von renommierten Autoren aller Springer-Verlagsmarken.

Weitere Bände in der Reihe http://www.springer.com/series/13088

Lutz Anderie

Gamification, Digitalisierung und Industrie 4.0

Transformation und Disruption verstehen und erfolgreich managen

Lutz Anderie
Liederbach, Deutschland

ISSN 2197-6708   ISSN 2197-6716   (electronic)
essentials
ISBN 978-3-658-19864-0   ISBN 978-3-658-19865-7   (eBook)
https://doi.org/10.1007/978-3-658-19865-7

Die Deutsche Nationalbibliothek verzeichnet diese Publikation in der Deutschen Nationalbibliografie; detaillierte bibliografische Daten sind im Internet über http://dnb.d-nb.de abrufbar.

Springer Gabler
© Springer Fachmedien Wiesbaden GmbH 2018

Gedruckt auf säurefreiem und chlorfrei gebleichtem Papier

Springer Gabler ist Teil von Springer Nature
Die eingetragene Gesellschaft ist Springer Fachmedien Wiesbaden GmbH
Die Anschrift der Gesellschaft ist: Abraham-Lincoln-Str. 46, 65189 Wiesbaden, Germany

Was Sie in diesem *essential* finden können

- Dreiklang der Innovationen: Gamification, Digitalisierung und Industrie 4.0
- Management, Unternehmensführung und Leadership bei Digitalisierungsprozessen
- Gamifizierung aus der betriebswirtschaftlichen Perspektive
- Aktuelle Entwicklung von Virtual-, Augmented- und Mixed Reality
- Disruption und Transformation von Branchen
- Exemplarische Darstellung Gesundheitswesen und Kfz-Industrie
- Wertschöpfung und Zukunftstechnologie für Kultur- und Wirtschaftsgüter
- Künstliche Intelligenz, Artificial Empathy und Mind Cloning
- Games-Know-how im Development Studio Ubisoft Montreal in Kanada

Vorwort

Es gab zahlreiche Überlegungen dahin gehend, welche Inhalte Bestandteile von ‚Gamification, Digitalisierung und Industrie 4.0' sein sollten – und welche nicht. Die ‚Essentials' drei komplexer Themenfelder auf wenigen Seiten darzustellen ist nur durch eine konsequente Fokussierung möglich. Deshalb wurde die Entscheidung getroffen, die drei Themenfelder, die in Wechselwirkung zueinander stehen, aufzuzeigen und dann anhand einzelner Branchen darzulegen. Während der Recherche, des Schreibens und des ‚Testlaufs von Themen' bei Konferenzen und Vorträgen zeigte sich ganz klar, dass diese Vorgehensweise im Interesse des Lesers ist. Deshalb werden die Kausalzusammenhänge im Hinblick auf Gamification, Digitalisierung und Industrie 4.0 aufgezeigt und exemplarisch durch Branchenbezug belegt. Die Kfz-Industrie wurde unter dem Eindruck des Abgasskandals möglicherweise in einem ‚zu negativen Licht' dargestellt – sie ist und bleibt entscheidend für die weitere Entwicklung aller drei Themenfelder. Weitgehend reduziert wurde der Retail-Bereich; angesichts von Amazons Markteintritt in die Food Distribution und der Dynamik der Marktentwicklung wäre jede Analyse bei der Veröffentlichung obsolet gewesen. Das Gesundheitswesen erfährt eine besondere Bedeutung, da für den Leser ein ‚hohes emotionales Involvement' besteht – auch ohne Medizinstudium ist es möglich nachzuvollziehen, wie sich chirurgische Krebsbehandlungen durch Mixed Reality weiterentwickeln. Natürlich sind Themen wie das ‚Mindcloning' auf den ersten Blick sehr visionär, bei genauerer Betrachtung jedoch gar nicht so abwegig – und ebenfalls für den Leser nachvollziehbar.

‚Gamification, Digitalisierung und Industrie 4.0' sollte ursprünglich als ‚Kapitel Nr. 9' in der aktualisierten und erweiterten Auflage zu ‚Games Industry Management: Gründung, Strategie und Leadership', dem ersten Fachbuch über die Games-Branche aus betriebswirtschaftlicher Perspektive, erscheinen. Deshalb finden sich im Internet immer noch entsprechende Hinweise darauf – etwaige

Konfusionen bitte ich zu entschuldigen. Der Grund, warum ‚Gamification, Digitalisierung und Industrie 4.0' nun als ‚Spin-off', als eigenständiges Werk in der Springer-Gabler-*essentials*-Reihe erscheint, ist einfach: Seit der Ankündigung auf der Gamescom 2017 gab es zahlreiche Leserwünsche dahin gehend, dass die Sichtweisen, Analysen und Hinweise eigenständig erhältlich sein sollten. Diesen Wünschen wurde nun Rechnung getragen.

Dass sich ‚Games Industry Management' zu einem Fachbuchbestseller und Standardwerk der Managementlehre für Computer- und Videospiele entwickelt, ist erfreulich, war jedoch nicht absehbar. Deshalb gilt mein Dank natürlich meinen Lesern und den Zuhörern bei meiner Vortragsreihe ‚Games Industry Management – The Talks', die sich zunehmender Bedeutung erfreut.

Weiterhin gebührt mein Dank Prof. Dr. Swen Schneider, Dekan des Fachbereichs Wirtschaft und Recht der Frankfurt University of Applied Sciences – er gab nach der Lektüre von ‚Games Industry Management' die ‚Initialzündung' dafür, das Thema Gamification noch einmal in einen besonderen Fokus zu stellen. Prof. Dr. Daniel Görlich von der SRH-Hochschule Heidelberg, Juliane Wagner vom Springer-Gabler-Verlag und Stephan Steininger vom GamesMarkt danke ich für die mannigfaltige Unterstützung. Ralf Wirsing, Geschäftsführer von Ubisoft Deutschland und Vorstand des BIU (Bundesverband Interaktive Unterhaltungssoftware), Fabrice Giguère von Ubisoft Montreal und Norman Habakuck gilt mein besonderer Dank, sie ermöglichten den Besuch bei einem der weltweit bedeutendsten Development Studios. Last but not least noch ein spezieller Dank an mein ‚Background-Team' – ohne Paula Matos, Julia Westenburger und Karlheinz Schulz wäre ‚Gamification, Digitalisierung und Industrie 4.0' nicht erschienen.

Liederbach   Dr. Lutz Anderie
im Sommer 2017

Inhaltsverzeichnis

Über den Autor

Dr. Lutz Anderie

Dr. Lutz Anderie, Autor von ‚Games Industry Management – Gründung, Strategie und Leadership‘ (Nr.-1-Amazon-Bestseller Fachbücher), gilt als international anerkannter Branchenkenner der Games-, Medien- und Entertainmentindustrie und Experte für Digitalisierung. Er verfügt über umfangreiche Managementexpertise in der Unternehmensführung sowie der Vertriebs- und Marketingsteuerung. Er war für das Unternehmen Sony Playstation, den führenden Anbieter von Games und Konsolen, tätig, ebenso für Atari, den Erfinder des kommerziellen Videogames, und Bandai Namco, den börsennotierten japanischen Games- und Spielwarenkonzern. Dr. Anderie zeichnete für die Markteinführung von über 100 Videogames, einschließlich der Topseller Uncharted, Gran Turismo und The Witcher, verantwortlich. Dr. Anderie ist Lehrbeauftragter der SRH-Hochschule Heidelberg, Fakultät Information, Medien und Design.

Abbildungsverzeichnis

Gamification, der Einfluss von Videospielen auf Güter, Dienstleistungen und gesellschaftliche Prozesse (vgl. Anderie 2016, S. 104 f.), erfährt zunehmende Bedeutung in der unternehmerischen Praxis. Die fortschreitende Digitalisierung stellt die Unternehmensführung und das Management von Branchen, die einen Transformationsprozess durchlaufen oder durch Disruption neu aufgestellt werden, vor neue Herausforderungen. Unter dem Schlagwort Industrie 4.0, der sogenannten vierten industriellen Revolution (vgl. Schwab 2016b, S. 7), werden technologische, volkswirtschaftliche und betriebswirtschaftliche Entwicklungsprozesse zusammengefasst, die regelmäßig durch Einflüsse der Games-Branche geprägt werden.

Analoge Sportspiele, wie beispielsweise die Olympischen Games, oder analoge Gesellschaftsspiele wie Schach konnten schon lange vor der Erfindung des Videogames soziologische und gesellschaftliche Einflüsse auf die Gesellschaft bewirken. Auch die Einführung der modernen Spieltheorie in die betriebswirtschaftliche Fachliteratur in den 1920er-Jahren war von hoher Bedeutung. Und wenn Mc Donald's bei seinen Promotion-Aktivitäten auf die Spielmechaniken des ursprünglich als Brettspiel konzipierten Monopoly zurückgreift, sind die Einflüsse von Spielen evident.

Es bedurfte jedoch erst der zunehmenden Professionalisierung der Computerspielbranche, um Gamification den Stellenwert beizumessen, der ihr heute gebührt und analog undenkbar gewesen wäre:

Gamification beschleunigt Entwicklungsprozesse der Digitalisierung für Kultur- und Wirtschaftsgüter und maximiert die zu managende Wertschöpfung.

Die Analyse des Forschungsgebiets ergibt, dass die Terminologie Gamification im Jahr 2002 von Nick Pelling erstmalig verwendet wurde. Ab 2010 wurde Gamification unter verschiedenen Perspektiven in der Fachliteratur evaluiert, wenn gleichwohl die Games-Branche bereits seit mehreren Jahrzehnten besteht.

© Springer Fachmedien Wiesbaden GmbH 2018
L. Anderie, *Gamification, Digitalisierung und Industrie 4.0,*
essentials, https://doi.org/10.1007/978-3-658-19865-7_1

Insbesondere Games-Branchen-fremde Beobachter nutzen den Zungenbrecher Gamification, der mittlerweile als Gamifizierung ,eingedeutscht' wurde, gerne. Im Wesentlichen impliziert die Terminologie, worum es geht, und ermöglicht den problemlosen Einstieg in jede Fachdiskussion.

Als eine der Ursachen für die erstarkte Bedeutung der Gamifizierung muss hierbei auf die Schnelllebigkeit der Games-Branche verwiesen werden, die durch einen hohen Wettbewerbsdruck und geringe Markteintrittsbarrieren gekennzeichnet ist. Zukunftstechnologien, die ihren Ursprung in der Games-Branche haben, werden in vergleichsweise kurzen Entwicklungszyklen bis zur Marktreife gebracht – in Rekordgeschwindigkeit aus der Perspektive anderer Branchen.

Benötigt beispielsweise die Automobilindustrie Jahre, das Gesundheitswesen gar Jahrzehnte, bis sich neue Technologien durchsetzen, so gelingt es der Games-Branche, in kurzen Zyklen von bestenfalls 18 Monaten neue Märkte (oder Genres) zu kreieren. Der wesentliche Erklärungsansatz für diese Dynamik liegt in der Verortung der Games-Branche in der Entertainment-Industrie, die von einer hohen Schnelllebigkeit gekennzeichnet ist. Die Zielgruppe, die Community der Gamer, ist geprägt durch eine vergleichsweise geringe Produkt- und Markenloyalität, was dazu führt, dass sich die Marktteilnehmer auf Anbieterseite unaufhörlich mit ,neuen Entwicklungen' beschäftigen müssen, um ,zu überleben'. Gleichzeitig ist die Games-Branche aber auch ein fester Bestandteil der IT-Industrie und liefert hier in erster Linie Impulse, welche die User Experience steigern. Der legendäre Apple-Gründer Steve Jobs war zunächst jahrelang für Atari (vgl. Bushnell und Stone 2013, S. 3) tätig, den Erfinder des kommerziellen Videogames, bevor er bei Apple die IT-Branche nachhaltig revolutionierte (vgl. Becraft 2017, S. 23).

Es ist unstrittig, dass Steve Jobs' Erfahrungen bei ATARI dazu führten, dass er bei Apple als ,Technology Evangelist' die durch Gamification beeinflusste User Experience immer in den Vordergrund stellte. Und nicht ohne Grund wurden die ersten Apps im iTunes Store neben Musik auf Games fokussiert: Jobs wusste immer, welche Bedeutung der Content Games für den Erfolg des zu vermarktenden iPhone einnehmen würde – und leistete signifikante Aufbauhilfe im Markt für Mobile Games.

Der Mix der Games-Branche aus Entertainment, innovativer Technologie, schnellen Produktentwicklungs- und Vermarktungszyklen sowie dem damit einhergehenden Wertschöpfungsprozess übt auf Games-Branchen-fremde Beobachter regelmäßig eine hohe Faszination aus. Deshalb gilt es, Learnings zu ziehen, welche auf andere Branchen transferiert werden können. Allerdings ist der Zugang zu den Technologien, Marketing- und Managementtechniken ungleich schwerer zu erhalten als das Spielen eines der zahlreichen Games, welche die Branche regelmäßig veröffentlicht. Versucht ein Games-Branchen-fremdes Unternehmen Zugang zu Games-Technologien zu erhalten, erfordert dieses Ressourcen, die nicht ohne Weiteres zur Verfügung stehen – gleichermaßen auf Anbieter- und Nachfrager-Seite.

Deshalb ist es auch nicht verwunderlich, dass sowohl die Kfz-Industrie (Automotive) als auch das Gesundheitswesen (Healthcare) immer wieder genannt werden, wenn es darum geht, Games-Know-how interdisziplinär zu transferieren. Beide Branchen verfügen über hohe Ressourcen in Form von großen Forschungs- und Entwicklungsabteilungen sowie signifikanten Budgets, die sogar die Gesamtmarktgröße der globalen Games-Branche von 100 Mrd. USD übersteigen (vgl. PWC 2017).

Im Hinblick auf den Know-how-Transfer gilt es allerdings zu differenzieren zwischen dem Entwicklungsstand und dem Bedarf von Branchen. Analysiert man beispielsweise die Kfz-Industrie, so ist es auffällig, dass der Einsatz von Games-Branchen-Innovationen, wie beispielsweise der Verkauf eines Neuwagens mithilfe einer VR-Brille, bei gestandenen Games-Branchen-Kennern nur ein Achselzucken bewirkt. Auch das Head-up-Display (Augmented Reality), welches Informationen auf die Frontscheibe des Fahrzeugs projiziert, stellt eine vergleichsweise einfache Form der Gamifizierung dar.

Wenn aber durch Gamification im Gesundheitswesen bei der experimentellen Chirurgie Leberkrebs mithilfe einer Game Engine erfolgreich operiert wird, lässt sich das ‚wahre‘ Potenzial der Gamifizierung erahnen. Hierbei handelt es sich keineswegs um ein obskures Zukunftsszenario, sondern diese Technologie kommt an der Charité Berlin zum Einsatz: Daten der Computertomografie werden in eine Game Engine importiert und als 3D-Objekt (Mesh) generiert. Der Chirurg kann dann mithilfe von Mixed Reality die krebsinfizierte Leber im Display von Microsofts HoloLens sehen. Bevor der Tumor analog mit einem Laserskalpell entfernt wird, kann dieser (Mixed Reality) beliebig rotiert und effizienter entfernt werden (vgl. Sauer 2017).

Gamification steht in Wechselwirkung mit der fortschreitenden Digitalisierung und einer erneuten ‚industriellen Revolution‘, die unter dem Begriff Industrie 4.0 subsumiert wird. Damit einhergehend werden zahlreiche interdisziplinäre Fach- und Forschungsgebiete tangiert (vgl. Abb. 1.1).

Terminologien und Schlagworte wie ‚Internet of Things‘, Künstliche Intelligenz, Artificial Empathy, Cyberconsciousness, Rise of the Robots, Applied

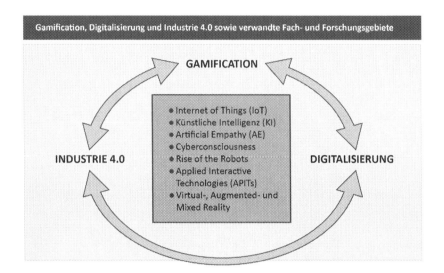

Abb. 1.1 Gamification, Digitalisierung und Industrie 4.0 stehen in Wechselwirkung zueinander. (Eigene Darstellung)

Interactive Technologies (APITs), Virtual-, Augmented- und Mixed Reality beschreiben in der Regel Fach- und Forschungsgebiete, die aktuell, in naher oder ferner Zukunft eine hohe Bedeutung für Gesellschaft und Unternehmensführung haben.

Insbesondere die rechtlichen Implikationen sind nicht zu unterschätzen, die Dr. Andreas Lober, Rechtsanwalt bei BEITEN BURKHARD, durch eine Veröffentlichung im August 2017 erläutert (vgl. Lober 2017).

Dreiklang der Innovationen und Bedeutung der Games Industry für andere Branchen

Die Terminologien Gamification, Digitalisierung und Industrie 4.0 beschreiben Prozesse der Entwicklung von Innovationen und eröffnen die Möglichkeit, relativ aggregiert Zugang zu an sich komplexen Themengebieten zu erhalten. Gamification und Innovation – kaum ein Thema beschäftigt Games-Branchen-Fremde mehr, wenn sie sich professionell oder halbprofessionell mit der Games-Branche auseinandersetzen.

Es gibt kaum einen Industriezweig oder eine Branche, die nicht auf die eine oder andere Weise von der Games Industry beeinflusst wird. Deshalb stellt sich die Frage, ob die Games Industry als Branche, die bunte Bilder produziert, ‚lehrmeisterhaft' auftritt oder möglicherweise gar kein Interesse daran hat, ihr Knowhow interdisziplinär zu transferieren. Die Antwort ist schnell gegeben: Nicht die Games-Branche ist bemüht, Learnings in andere Branchen zu transferieren. Es sind Industriezweige außerhalb der Games-Branche, die bemüht sind, Know-how ‚zu tanken'.

Und so erklärt es sich auch, dass die Games-Branchen-Teilnehmer nicht darauf vorbereitet sind, ihr Know-how zu transferieren. Exemplarisch kann hier die hilflose Erklärung auf dem Deutschen Entwicklerpreis Summit 2016 (vgl. Aruba Events GmbH 2017) angeführt werden, bei dem ein etablierter Hersteller von Videogames ausführte, er berate jetzt einen großen deutschen Versicherungskonzern im Hinblick auf Gamification. Auf die Nachfrage, wie das denn konkret erfolge, erläuterte der Branchenveteran sinngemäß, er hätte dem Vorstand eine VR-Brille aufgesetzt und einen ‚Zombieshooter' gezeigt. Welche konkreten Beratungsdienstleistungen erfolgten, wurde nicht näher ausgeführt – im Wesentlichen blieb der Eindruck der Überforderung zurück – weitere Fragen aus dem Publikum gab es nicht.

Allerdings ist der Know-how-Transfer aus der Games-Branche nicht neu. Insbesondere im Militärbereich ist bekannt, dass sich Game Engines hervorragend

L. Anderie, *Gamification, Digitalisierung und Industrie 4.0*, essentials, https://doi.org/10.1007/978-3-658-19865-7_2

für die Ausbildung von Soldaten eignen und für die Steuerung von Drohnen vergleichbare Fähigkeiten notwendig sind wie bei der Steuerung eines Videogames. Auch für Therapiezwecke werden schon ähnlich lange Games und Game Engines zu unterschiedlichsten Zwecken eingesetzt, sei es zur Rehabilitation von Unfallpatienten oder zur Desensibilisierung bei Phobien.

Dass die Games-Branche schon immer kluge Köpfe angezogen hat, die dann das gesammelte Know-how in anderen Branchen einbrachten, ist ebenfalls bekannt. Steve Jobs startete seine Karriere bei Atari, gründete dann Apple und Pixar, und wenn man sich die Benutzeroberfläche des iPhone anschaut, wird die Handschrift der Games-Branche transparent. Auch Elon Musk, der legendäre Silicon Valley Investor, Tesla-Gründer und Raumfahrtunternehmer, begann früh damit, Videogames zu programmieren (vgl. Vance 2015, S. 26), bevor er dann seine Coding-Kenntnisse dafür nutzte, sein erstes Start-up zu gründen (vgl. Vance 2015, S. 67 f.).

Die Liste erfolgreicher Start-up-Unternehmer, die Zugang zur IT über Computerspiele erlangt haben, ist lang – die Faszination für Games, entweder als User oder Developer, ist ungebrochen.

Aus ökonomischer Perspektive kann deshalb festgehalten werden, dass die Games Industry eng mit der Wertschöpfung von Unternehmen verbunden ist. ‚Die Games-Branche ist der Frontrunner der Digitalisierung', attestierten führende Politiker mehrfach und es gelingt ihnen so mit wenigen Worten, einen entscheidenden Sachverhalt auf den Punkt zu bringen: Während zahlreiche Branchen den Prozess der Digitalisierung durchlaufen, hat die Games-Branche die wichtigsten digitalen Entwicklungen vorbildlich bewältigt und arbeitet schon an der nächsten.

Im Dreiklang der Innovationen Gamification, Digitalisierung und Industrie 4.0 gilt es deshalb immer, die aktuellen neuen technologischen Entwicklungen zu monitoren und im Zweifel zu prüfen, ob und welches Know-how der Games Industry adaptiert werden kann.

2.1   Gamification

‚Gamification ist heute eigentlich kein Thema mehr – in der Games-Branche will darüber niemand mehr reden', so eine Branchenvertreterin am Rande der führenden Entwicklerkonferenz Quo Vadis in Berlin (vgl. Quo Vadis o. J.). Dieses progressive Statement kann als symptomatisch für die schnelllebige Games-Branche gelten, in der Märkte innerhalb weniger Jahre komplett transformiert werden oder durch Disruption sich fundamental verändern. Themen und Trends werden in kurzen Zeitfenstern ‚gepusht und professionell promotet' – aber auch genauso schnell ‚wieder fallen gelassen'. Wie bereits ausgeführt, erklärt sich diese branchenimmanente Verhaltensweise im Wesentlichen dadurch, dass die Games-Branche Bestandteil der schnelllebigen Entertainmentindustrie ist.

‚Ich mag den Begriff Gamification nicht', so ein Branchenveteran anlässlich eines Vortrags über Unternehmensgründung in der Games-Branche an der HMKW Hochschule Köln.

Sprachlich ist Gamification sicherlich ein Zungenbrecher und als geschriebenes Wort ein ‚Ungetüm'. Als Terminologie verdeutlicht Gamification jedoch ziemlich klar, worum es sich handelt: um Games und ihren Einfluss auf andere Gesellschaftsbereiche und Industrien außerhalb der Games-Branche.

In der Tat ist in Fachdiskussionen mit Games-Branchen-Vertretern regelmäßig eine Distanz zu dem Fachgebiet Gamification festzustellen. Der Fokus liegt ganz klar auf der Entwicklung neuer Games-Technologien, die Spielerlebnisse generieren, die der Markt ‚noch nicht gesehen hat'. ‚Bei Gamification sind wir zurzeit nicht involviert', so der Sprecher eines der größten börsennotierten Publisher, der auch zahlreiche First Party Studios sein eigen nennt, auf die Anfrage zur Veröffentlichung von ‚Gamification, Digitalisierung und Industrie 4.0'. Auch der jährlich im August publizierte ‚Gartner Hypecycle for Emerging Technologies' prognostizierte schon im Jahr 2014, dass der Zenit des ‚Gamification- Trends' überschritten sei (vgl. Stieglitz 2017, S. 4). Eine Fehleinschätzung, bei der es allerdings zu berücksichtigen gilt, dass es sich bei dieser Gartner-Veröffentlichung auch um sogenanntes ‚Buzzword Bingo' handelt – im Gegensatz zu den ansonsten relativ zuverlässigen Einschätzungen und Marktforschungsergebnissen des renommierten Unternehmens (vgl. Hülsbömer 2015).

Bei branchenfremden Vertretern besteht nach wie vor ein zunehmend hohes Interesse an Gamification. Die Gründe hierfür sind mannigfaltig und reichen von einem generellen Interesse an der Games-Branche über die Faszination für einzelne Games bis hin zu der Wertschöpfung, die durch neue Games-Technologien generiert wird. Wie bereits ausgeführt, verzeichnen die Kfz-Industrie und das Gesundheitswesen aufgrund ihrer großen Forschungs- und Entwicklungsabteilungen ein hohes Interesse an der Gamification, wenn auch in unterschiedlichen Anwendungsbereichen.

Doch nicht nur Fachdiskussionen, sondern ganze Konferenzen werden zu dem Thema Gamification ausgerichtet, wie beispielsweise die GamifyConference in München (vgl. Gamify Now! 2016). Auch in der Fachliteratur gewinnt Gamification zunehmend an Bedeutung, mittlerweile wird hier zwischen Enterprise Gamification ‚im betrieblichen Kontext', ‚Gamification in der Hochschullehre' und ‚vielen Bereichen des privaten Lebens' differenziert (vgl. Strahringer und Leyh 2017, S. V f.). Sogar die Massenmedien nehmen sich des Themas an, welches primär eigentlich im B2B-Bereich, der Wissenschaft oder der Politik zu diskutieren wäre (vgl. Planet Wissen 2017). Deshalb kann es als wahrscheinlich gelten, dass die Bedeutung von Gamification auch in den kommenden Jahrzehnten zunehmen wird. Die Wechselwirkung zwischen Gamification und Digitalisierung ist heute ein fester Bestandteil des technischen Fortschritts. Möglicherweise wird sich die Terminologie ändern und Gamification unter einer anderen Begrifflichkeit bekannt sein: Inhaltlich ist Gamifizierung für die Weiterentwicklung von Unternehmen und gesellschaftlichen Prozessen ‚nicht mehr wegzudenken'.

Um das Fachgebiet Gamification differenzierter aufzuzeigen, bietet es sich an, eine Klassifizierung vorzunehmen, die in ihrer Struktur an den Boxsport erinnert: Lightweight Gamification, Middleweight Gamification und Heavyweight Gamification. Die Intensität der Gamification variiert bei dieser Klassifizierung entsprechend der Intensität (Level of Gamification) von adaptierten Software- und Technologielösungen, die von der Games-Branche übernommen wurden (vgl. Abb. 2.1).

Als Lightweight Gamification in der Kfz-Industrie kann die Projektion von Informationen auf die Frontscheibe als einfache Form von Augmented Reality angeführt werden. Im Gesundheitswesen sind die zahlreichen Therapie Apps als Lightweight Gamification zu evaluieren. Der Neuwagenverkauf mithilfe einer Virtual-Reality-Brille steht exemplarisch für Middleweight Gamification, ebenso die Experimentelle Chrirugie. Die Entscheidung, ob mithilfe von Artificial Empathy in einer Unfallsituation ein Rollstuhlfahrer oder ein junges Kind von einem selbstfahrenden Auto erfasst werden soll, fällt in die Klassifizierung Heavyweight Gamification. Ebenso die Zukunftstechnologie des Mind Cloning.

Jesse Schell, Autor des Standardwerks ‚Die Kunst des Game Designs – bessere Games konzipieren und entwickeln' (2016), benennt 28 Elemente des Game

Exemplarische Darstellung von Gamification und Klassifizierung		
LEVEL OF GAMIFICATION	AUTOMOTIVE	HEALTHCARE
Lightweight Gamification	Head up Display	Therapie Apps
Middleweight Gamification	VR Neuwagenverkauf	Experimentelle Chirurgie
Heavyweight Gamification	Artificial Empathy	Mind Cloning

Abb. 2.1 Exemplarische Darstellung von Gamification in der Kfz-Industrie und dem Gesundheitswesen. (Eigene Darstellung)

Designs, von welchen die folgenden als elementar für die Entwicklung eines erfolgreichen Computerspiels zu evaluieren sind: Story, Elements, Mechanics (Spielmechanismen), Technology und das Balancing (vgl. Schell 2016, S. 617). Natürlich eignen sich nicht alle Elemente des Game Designs für die Transferleistung auf andere Branchen und hierbei bedarf es im Hinblick auf Gamification sicherlich einer Fokussierung. Liebtrau erläutert, dass im Wesentlichen die Mechanics für Gamification von Relevanz sind (vgl. Liebtrau 2012, S. 1). Er verweist auf die sogenannten ‚Core Mechanics', die insbesondere von den Autoren Zichermann und Cunningham (2011) in die Literatur eingeführt wurden: Punktesysteme, Level, Leaderboards (Ranglisten), Badges (Abzeichen) und Challenges/Quests (Aufgaben) eignen sich besonders für Gamification (vgl. Anderie 2016, S. 105).

Technologische Entwicklungen wie Game Engines finden ihre Einsatzbereiche und Absatzmärkte außerhalb des originären Games-Markts. Hierzu zählen auch die sogenannten Peripherie-Geräte, wie die aktuell viel diskutierten VR-Brillen oder Microsofts HoloLens, die Bestandteil der Gamification im weiteren Sinne sind. Nicht immer sind Entwicklungen der Games-Branche im Hinblick auf ihr Gamification-Potenzial unmittelbar zu erkennen. Steuerungstechnologien (Controller) wie beispielsweise Sonys PlayStation Move oder Microsofts Kinect sind für die Sensorik zukunftsweisend, auch wenn dies nicht sofort offenkundig sein mag.

Einige der ersten Branchen, die mithilfe von Gamification transformiert wurden oder zumindest durch Einflüsse von Gamification geprägt wurden, waren die Reisebranche, der Onlinehandel (eCommerce), der Trainingsbereich (Education), die Marktforschung und die Medienindustrie. Die Liste der gamifizierten Branchen ist lang – teilweise wurde sogar die Terminologie Gamification adaptiert (vgl. Abb. 2.2). So bezeichnet man beispielsweise in der Finanzbranche endverbraucherorientierte Bankprozesse als Retailification, ebenso in der Branche des Mietwagenverleihs (car rental). Auch die Terminologie Healthification findet ihre sprachliche Nähe zur Gamification. Entwickelt und promotet von dem Münchner Start-up Thera Bytes UG unter der Führung von CEO und Founder Thorsten Feldmann, nutzt das Unternehmen den Begriff in erster Linie, um sein Portfolio an Therapie-Games zu beschreiben und zu erklären.

Anhand von Thera Bytes wird auch verdeutlicht, dass der Gamification-Prozess durchaus mehrdimensional verlaufen kann (und muss). Das Gesundheitswesen, eine Industrie mit hohem Gamification-Bedarf, verdeutlicht die unterschiedlichen Perspektiven im Branchenvergleich mit der Games Industry: Das Gesundheitswesen ist wissenschaftlich relativ weit fortgeschritten und hochentwickelt, allerdings steht die User Experience nicht im Fokus des Interesses.

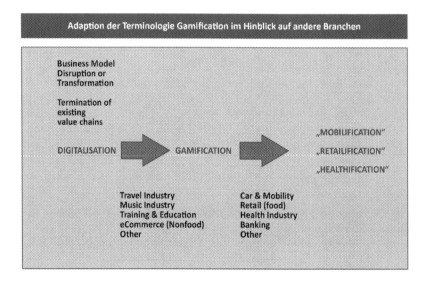

Abb. 2.2 Gamification im Hinblick auf Disruption und Transformation sowie sprachliche Adaption. (Eigene Darstellung)

Verschreibt ein Arzt ein Arzneimittel oder verordnet eine Therapie, steht zunächst die ‚heilende Wirkung' im Vordergrund – selten ‚das Konsumerlebnis' des Patienten. Im Vergleich dazu steht in der Games-Branche immer die User Experience im Vordergrund – nicht ohne Grund wird beispielsweise dem Community Management ein hoher Stellenwert beigemessen. Deshalb leistet eine Vielzahl von Therapie-Apps, die aus der Perspektive der Games-Branche als Genre ‚Serious Games' klassifiziert werden, im Gesundheitswesen einen wertvollen Beitrag. Die Programmierung einer App ist für Game Development Studios relativ einfach und bei entsprechendem Briefing auch für Nicht-Mediziner zu realisieren.

Die Bedeutung von Gamification und ihre Wechselwirkung mit der Digitalisierung lässt sich auch anhand der folgenden Meldung des führenden Fachmagazins GamesMarkt bezüglich der überaus erfolgreichen GamifyCon-Konferenz nachvollziehen, die regelmäßig in der bayerischen Landeshauptstadt stattfindet:

München, 16.03.2017, 10:21 Gamify Now! zieht positives Fazit
Die Konferenz GamifyCon war ein voller Erfolg, nicht nur dank der politischen Grußworte von vbw-Hauptgeschäftsführer Bertram Brossardt und Staatssekretär Franz Josef Pschierer. Auch der Besucherzuspruch war mehr

als zufriedenstellend. Das geht aus dem Abschlussfazit von Gamify now
hervor, welche die GamifyCon einst ins Leben rief und 2017 gemeinsam
mit der vbw Mitveranstalterin der Konferenz war. Mit jedem Jahr, in dem
wir unsere GamifyCon veranstalten, werden mehr und mehr Menschen auf
das wichtige und spannende Thema Gamification aufmerksam. Das Interesse steigt zusehends und wir sind zuversichtlich, dass dieser Trend auch in
den nächsten Jahren anhalten wird. Auch Branchen außerhalb der Games-
Industrie begreifen zunehmend, dass auch ihre Unternehmen und Projekte
von der zunehmenden Gamifizierung der Gesellschaft profitieren können.
Wir freuen uns, dass wir zu einer etablierten Plattform für Einstieg und
Zusammenarbeit geworden sind, so Dr. Sibylla Krane, Director of Opera-
tions bei Gamify now.

Quelle: GamesMarkt (2017): Gamify Now! zieht positives Fazit. Online
im Internet unter: http://www.mediabiz.de/games/news/gamify-now-zieht-
positives-fazit/416466 (10.08.2017).

Auf der GamifyCon wurden zahlreiche Games in Form von Therapie-Apps vor-
gestellt, die im Folgenden als empirische Belege angeführt werden:

- ‚I manage cancer' ist ein Mobile Game, welches hilft, soziale Netze für Kinder, die an Krebs erkrankt sind, zu bilden, und hilft dazu beizutragen, dass
  diese sozial integriert bleiben. Zielgruppe des Games sind auch die ‚social
  peers' der erkrankten Kinder – so kann beispielsweise die Oma helfen, mit der
  schwierigen psychosozialen Situation umzugehen (vgl. Stock 2017). Spielerische Elemente, bei welchen es gilt, ‚böse Krebszellen' abzuschießen, sind
  ebenfalls Bestandteil. Entwickelt von der Serious Games GmbH (vgl. Serious Games GmbH 2016) mit Standorten in Tübingen und Potsdam, legt das
  Unternehmen laut dem Geschäftsführer Ralph Stock einen Schwerpunkt auf
  die Entwicklung von Communities, um Krankheiten heilen zu können. Das
  Unternehmen arbeitet mit dem Claim ‚The Gamification Experts'. Zu den
  Auftraggebern der Serious Games GmbH zählen namhafte Kunden aus dem
  Gesundheitswesen, wie beispielsweise Siemens, Novartis und Roche.
- ‚Mission Schweinehund' (vgl. Serious Games GmbH 2016), ebenfalls von
  der Serious Games GmbH entwickelt, richtet sich an Patienten mit dem
  Krankheitsbild Diabetes Typ 2 (erworbene Diabetes). Bei dieser ‚Lebensstil-
  Erkrankung' (vgl. Stock 2017) fällt es den erkrankten Menschen schwer, ihr
  Verhalten zu verändern – ‚gute Ratschläge' verzeichnen in der Regel nicht

den gewünschten Erfolg. Ziel des Games ‚Mission Schweinehund' ist es, sich ‚nach oben zu leveln' und ein Gartenparadies zurückzuerobern. Die Motivation der Gamer fokussiert auf eines der bereits erwähnten Elemente des Game Designs: Leaderboards dokumentieren das Ranking innerhalb der Community.

- ‚Memwalks', entwickelt von der Thera Bytes UG in München (vgl. Thera Bytes UG o. J.), ist nach Unternehmensangaben das erste Spielmodul eines Trainings- und Interventionsprogramms zur Erkennung und Minimierung von Risikofaktoren einer Demenz. Spieler können ihr Erinnerungsvermögen in verschiedenen Modi testen und gezielt trainieren. Wissenschaftliche Studien zeigen, dass der Lebensstil eines Menschen entscheidende Auswirkungen auf das Risiko einer Demenz hat. Mangelnde Bewegung sowie fehlende geistige Stimulation erhöhen das Risiko von eintretendem Gedächtnisverlust und Demenz. Thera Bytes nutzt langjähriges Expertenwissen aus der Computerspiele-Industrie zur Förderung und Erhaltung der Gesundheit.
- ‚Patchieworld' (vgl. Birds & Trees UG o. J.), entwickelt von der Birds & Trees UG, ist ein Game, das Mukoviszidose-Patienten helfen soll. Mukoviszidose ist eine Erbkrankheit, die aufgrund eines veränderten Gens auf dem Chromosom Nummer 7 (CFTR-Gen) den Salz- und Wassertransport der Zellen stört. Besonders schwerwiegend betroffen ist meist die Lunge. Der in den Bronchien gebildete Schleim lässt sich nur schwer abhusten, was die Belüftung der Lunge beeinträchtigt und gute Wachstumsbedingungen für Bakterien schafft.

Laut Marc Kamps, Geschäftsführer von Birds & Trees, sind ‚spieltypische Elemente im spielfremden Kontext' hilfreich, um den Hippocampus, einen Teil des Gehirns, zu stimulieren. Er erläutert, dass für den (Therapie-)Erfolg folgende Elemente von Bedeutung sind:

- Ziele und Regeln
- Infotransparenz
- Entscheidungsmöglichkeit
- Feedback in Echtzeit
- Herausforderungen (Quests)
- Narration

Weiterhin differenziert Kamps zwischen Gesundheits-Apps, Medizin-Apps und Apps als Medizinprodukt.

Zweifelsohne wird mit Therapie-Apps, die von Game Development Studios entwickelt werden, ein signifikanter gesellschaftlicher Nutzen generiert. Aus betriebswirtschaftlicher Perspektive sind die zu erwirtschaftenden Gewinne (im

Vergleich zum Kernmarkt der Games-Branche) jedoch überschaubar. Deshalb stellt sich der Markt für Serious Games für Branchenkenner bereits seit vielen Jahren als zu limitiert dar – im Hinblick auf die Marktchancen und den wirtschaftlichen Erfolg. Eine Entwicklung, die sich in absehbarer Zeit jedoch wandeln wird. Schon heute wird durch die Lizensierung von Game Engines ein nicht unerheblicher Teil der Umsätze und Gewinne innerhalb des Gesundheitswesens realisiert.

Auch der Absatzmarkt für Peripherie-Geräte, die ursprünglich für den Games-Markt entwickelt wurden, wird an Bedeutung gewinnen. Bestärkt wird dieser Trend durch die Produktgattung der sogenannten Wearables, die von Fitnesstrackern über Helmkameras bis zu der legendären Datenbrille Google Glass, die trotz Ankündigung nie im Massenmarkt eingeführt wurde, zunehmende Akzeptanz in der Zielgruppe verzeichnen. Nachdem sich die Virtual-Reality-Brillen in der Zielgruppe der Gamer bislang nicht richtig als Massenmarktprodukt durchsetzen konnten, stellt sich die Situation im B2B-Markt anders dar: Die Produktpalette der VR-Brillen verschiedenster Anbieter, welche die Community der Gamer als ‚zu klobig‘ empfand und über ‚Motion- und Simulation Sickness‘ klagte, funktioniert im medizinischen Bereich bei Verbrennungsopfern hervorragend: 3D-Bilder von Eisbergen führen dazu, dass das subjektive Schmerzempfinden gelindert werden kann.

Einen Quantensprung in der technischen Entwicklung stellt Microsofts HoloLens dar (vgl. Abb. 2.3). Schon die technischen Daten lesen sich wie aus dem Logbuch der Enterprise aus Star Trek: Durchsichtige holografische Linsen (Wellenleiter), 2 HD-16:9-Licht-Generatoren, automatische Pupillen-Abstands-Kalibrierung, holografische Auflösung mit 2,3 Mio. Lichtpunkten und einer beeindruckenden holografischen Dichte: $>2,5 \times 10^3$ Radianten (Lichtpunkte pro Radiant). In der Tat liefert die ‚coole Jetpilotenbrille‘ Bilder, auf die Science-Fiction-Fans seit Jahrzehnten

Abb. 2.3 Schlägt die Brücke zwischen Science Fiction und der realen Welt: Mixed Reality mit Microsofts HoloLens. (© HoloLens. Used with permission from Microsoft)

gewartet haben: holografisch und augmentierte Bilder – Beam me up, Scotty! Deshalb ist es auch nicht überraschend, dass im Rahmen der experimentellen Chirurgie Kliniken rund um den Globus die neue Technologie, die Microsoft als ‚Mixed Reality' bezeichnet, testen. 3D-Bilder von Organen können direkt in das Blickfeld des OP-Teams projiziert werden. Vorbei sind die Zeiten, in welchen verschwommene Röntgenbilder gegen das Licht gehalten wurden oder Schwarz-Weiß-Bilder einer Computertomografie als Grundlage für komplizierte Operationen dienten: Heute kann über dem geöffneten Brustkorb das CGI (Computer Generated Image) des zu operierenden Organs dreidimensional dargestellt werden.

Prof. Dr. med. Igor M. Sauer, leitender Oberarzt, Bereichsleitung Forschung und Experimentelle Chirurgie an der Charité, erläutert im Interview mit Angela Merkel (vgl. Bundesregierung 2017) die Bedeutung der Datenbrille, die es erlaubt, anatomische Strukturen während einer OP darzustellen, und dokumentierte dieses exemplarisch auf der Future-Talk-Konferenz in Form von Videoaufnahmen, die den Sachverhalt auch populärwissenschaftlich nachvollziehbar gestalten (vgl. Sauer 2017).

Natürlich beschränkt sich eine innovative Technologie wie Microsofts HoloLens nicht nur auf den Industriezweig Gesundheitswesen: Um die Forschungs- und Entwicklungskosten zu refinanzieren und Marktpotenziale abzuschöpfen, gilt es, weitere Absatzmärkte zu erschließen. Diese sind jedoch nicht immer evident und regelmäßig bedarf es des effizienten Teamworks aus R&D, Marketing und Vertrieb, um Marktpotenziale zu erkennen. Wenn dieses erfolgreich ist, dann führt das beispielsweise dazu, dass Thyssen Krupp für die Aufzugwartung seine Servicetechniker mit der HoloLens ausstattet (vgl. Veenstra 2017). Weitere Einsatzbereiche mit einem hohen Absatz und Umsatzpotenzial für die HoloLens, die für 3300 EUR als Devkit (Development Kit) erhältlich ist, sind die Automation von Produktionsabläufen und der Retailbereich (Handel).

Doch nicht nur Microsoft liefert mit der HoloLens Lösungsansätze für den Retail. Auch der südkoreanische Elektronikkonzern Samsung bietet zahlreiche Systeme (vgl. Samsung 2017), mit welchen der Point of Sale (kurz: POS) attraktiver gestaltet und die Entwicklungen zum Mobile Commerce optimiert werden können. Mit Samsungs Smart-Retail-Konzept werden zahlreiche Lösungen – über Tablets, Kiosksysteme und die Beacon-Technologie – am POS offeriert, um auch die jüngste Herausforderung der Marktentwicklung annehmen zu können: den Markteintritt des größten und erfolgreichsten Online-Händlers in den Food-Markt – Amazon.

Dass Samsung hierbei auf das gewonnene Know-how aus der Vermarktung von Mobile Games im Google Playstore seiner Galaxy Smartphone Devices zurückgreift, ist naheliegend.

Auch Softwareentwicklungen wie Künstliche Intelligenz (KI), die im angel-
sächsischen Sprachraum als Artificial Intelligence (AI) bezeichnet wird, wurde
nachhaltig durch die Games-Branche geprägt. KI wird in der Fachliteratur regelmäßig in Zusammenhang mit der Robotertechnologie (vgl. King 2016, S. 59)
oder selbstfahrenden Autos erwähnt. Das Themengebiet lässt sich populärwissenschaftlich relativ einfach und verständlich darlegen. Aber KI ist auch im Gesundheitswesen (Healthcare), insbesondere in der Genforschung und als HealthTech
von hoher Bedeutung.

Gene Editing and HealthTech are going to radically change the way we think about
health care. Hereditary diseases like Parkinson's, Alzheimer's, breast cancer (...)
will be eliminated within two decades. Sensors, wearables, diagnosis AI and other
tech will radically change the way we see heart diseases and other preventable con-
ditions. Algorithms and sensors will more reliably diagnose illness than doctors
(vgl. King 2016, S. 60 f.).

Die Autorin Martine Rothblatt, eine Forscherin, die sich mit Zukunftsfragen
befasst, verweist in ihrem Fachbuch ‚Virtually Human – the promise- and the
peril- of digital immortality' auf die Bedeutung der Games-Branche für die
Entwicklungen im Gesundheitswesen (vgl. Rothblatt 2014, S. 64 f.). Rothblatt
erläutert, dass schon seit der Entwicklung der ersten Videogames Künstliche
Intelligenz in der Games-Branche genutzt wurde, um den Spielverlauf zu steu-
ern (vgl. Rothblatt 2014, S. 63). Artifical Empathy (AE), eine Form der weiterent-
wickelten Künstlichen Intelligenz, wird es ermöglichen, menschliche Emotionen
wahrzunehmen und darauf zu reagieren.

Charlene Li (2017, o. S.), Analystin bei der Research- und Unternehmensbe-
ratungsgesellschaft Altimeter, welche sich mit disruptiven Technologien beschäftigt, führt aus:

This isn't something far off in the future. Chatbots use natural language processing
and machine learning to engage people in what feels like a real conversation. In
some cases, it's not clear if you are talking to a human or a machine. This can begin
to warp our sense of what "normal" conversations are – witness how people talk
with Amazon's Alexa, where the pleasantries of conversation become unnecessary.

Über die Zeitachse wird mithilfe der Games-Branche Artificial Empathy dahin
gehend weiterentwickelt werden, dass in absehbarer Zeit ‚cyberconsciousness'
ein fester Bestandteil der Software-Technologie sein wird. Dass die Games-
Branche bei dieser Form der ‚Heavyweight Gamification' eine führende Rolle

einnimmt, erklärt sich im Wesentlichen durch die Produktgattung Game: Im Singleplayer-Modus werden Games bestimmter Genres nur dann Spielspaß und Faszination vermitteln können, wenn die Software ‚menschlich interagiert'.

> Gaming software (…) far outstrips the conceptual capabilities of ordinary humans (Rothblatt 2014, S. 46).

Rothblatt (2014, S. 64 f.) führt aus, dass mithilfe von Digital Empathy und den damit entwickelten Algorithmen in absehbarer Zeit eine ‚medical cyberconsciousness' insbesondere für Alzheimer-Patienten entwickelt werden wird.

> The Alzheimer patients could maintain their sense of self if they could off-load their mind onto a computer while the biotech industry works on a cure (Rothblatt 2014, S. 65).

Das sogenannte Mindcloning, die vollständige Replikation des Gehirns, wird laut Ray Kurzweil, Futurist und Director of Engineering bei Google, im Jahre 2030 möglich sein.

2.2 Digitalisierung

Felix Falk, Geschäftsführer des Bundesverbands Interaktive Unterhaltungsindustrie, bestätigte Anfang Juni 2017 in seiner Rede vor 300 geladenen Gästen aus der Games-Branche und Politik, dass die Games-Industrie für andere Branchen von hoher Bedeutung sei, und er begründet dies mit den Zukunftstechnologien, die regelmäßig von der Branche entwickelt werden (vgl. BIU – Bundesverband Interaktiver Unterhaltungsindustrie 2017a).

Digitalisierung ist keineswegs ein ‚neues Thema' und spätestens seit der Einführung der ersten Mainframe-Rechner in den 1960er-Jahren hat diese begonnen. Analysiert man die Digitalisierung von Branchen, so bleibt festzustellen, dass es sich um Prozesse handelt, die über Jahrzehnte andauern.

‚Going digital' wurde in der betriebswirtschaftlichen Fachliteratur und unternehmerischen Praxis zunächst für die Tech-, Media- und Entertainment-Industrie für notwendig erachtet. Durch die rasante Entwicklung von Smartphones, Social Media, Sensorik und Cloud Computing kann sich heute jedoch kaum ein Unternehmen der fortschreitenden Digitalisierung verschließen. Innerhalb der nächsten Jahre werden Branchen, Volkswirtschaften und Gesellschaften transformiert werden oder durch Disruption sich dahin gehend verändern, wie es teilweise nur durch Science Fiction bekannt war.

Das Autorenteam Westerman, Bonnet und McAffee führt in seinem von der Harvard Business Review Press publizierten Fachbuch ‚Leading Digital – Turning Technology into Business Transformation' aus, dass

technology the biggest story in business today

sei (vgl. Westerman et al. 2014, S. 1). Sie argumentieren, dass die Digitalisierung Limitierungen der analogen Welt eliminiert und neue Möglichkeiten bietet, die Gesellschaft und Unternehmen zu verändern. Sie verweisen darauf, dass die ‚tech wave' sich über einen langen Zeitraum aufgebaut, in jüngerer Zeit jedoch eine signifikante Beschleunigung erfahren habe. Die Bedeutung von Facebook, Twitter und Wikipedia sowie die Markteinführung des iPhone (2007) und des iPad (2010) in Kombination mit einer modernen digitalen Infrastruktur dokumentieren diesen Trend. Ihre Forschungsergebnisse ergaben, dass Unternehmen, die digitale Technologien nutzen, einen um 26 % höheren EBIT erwirtschaften als ihre Wettbewerber (vgl. Westerman et al. 2014, S. 19). Diese sogenannten ‚Digital Masters' sind Unternehmen, die deshalb erfolgreich sind, weil sie einerseits

• digital capabilities by rethinking and improving their business processes

und andererseits

• strong leadership capabilities to envision and drive transformation

aufbauen (vgl. Westerman et al. 2014, S. 6).
Im Hinblick auf die digital capabilities (digitale Fähigkeiten) stellt sich die Frage, in welche Technologien investiert werden soll und wie es diese ermöglichen, Kundenbeziehungen und Mitarbeiter zu stärken sowie Prozessketten zu optimieren (vgl. Westerman et al. 2014, S. 13).
Leadership capabilities (Führungsfähigkeiten) erfordern für einen erfolgreichen digitalen Transformationsprozess einen ‚Top-down'-Ansatz: Zieldefinition, Umsetzung und die konsequente Kontrolle der Ergebnisse (vgl. Westerman et al. 2014, S. 14).

• The only effective way we've seen to drive transformation is top-down, through strong senior executive direction coupled with methods that engage workers in making the change happen (vgl. Westerman et. al 2014, S. 6).

Exemplarisch kann hier die aktuelle Digitalisierungsentwicklung in der Finanzbranche genannt werden, die nicht zuletzt auch durch die Start-up-Industrie mit
zahlreichen Fintechs geprägt wird: Das Bankengeschäft digitalisiert sich im End-
kundengeschäft (Retailbanking) immer weiter zum Onlinebanking. Im Invest-
mentbanking ist beispielsweise im Highspeedhandel die Digitalisierung so weit
vorangeschritten, dass klassische Jobs, die es noch vor wenigen Jahren gab, kaum
noch existent sind.

Laut Richard David Precht werden die Banken aufgrund der Digitalisierung
über 50 % ihres Personalstamms abbauen, da nur ‚noch Rentner und alte Leute
den Kontakt zu einem Kundenberater wünschen' (vgl. ZDF Zweites Deutsches
Fernsehen 2016).

Dokumentiert man die Beschleunigung der technologischen Entwicklung
anhand einer grafischen Darstellung (vgl. Abb. 2.4), so kann diese als ‚hockey
stick curve' visualisiert werden (vgl. King 2016, S. 19).

Die Beschleunigung der technologischen Entwicklung wurde in der Fachliteratur lange Jahre als Moore's Law beschrieben, dieses gilt jedoch mittlerweile
als überholt (King 2016, S. 20). Softwareentwicklungen, Game Engines und
Hardware entwickeln sich beständig weiter und werden die Gesellschaft und das
Management in der Zukunft nachhaltig beeinflussen.

We are closer now to 2030 than we are to start of the new millennium (2000). The
technologies we are exploring today, such as artificial intelligence, gene editing,
nanoscale manufacturing, autonomous vehicles, robots, wearables and embedded
computing, are radically going to redefine the next age of humanity (King 2016,
S. 52).

King zitiert den langjährigen Games-Branchen-Vordenker und Management-
Veteranen Phil Harrison (Sony Playstation, Atari, Microsoft), der anlässlich der
Electronic Entertainment Expo (E3) das ‚dynamische exponentielle Wachstum'
der Computer- und Games-Industrie anhand der Xbox One beschreibt (nach King
2016, S. 40):

Day one of Xbox One (…) equals the cloud server power equivalent to the entire
computing power of the planet in 1999.

Harrisons Statement unterstreicht die Bedeutung der Games-Hardware-Technolo-
gie für andere Branchen.

Die Leistungsfähigkeit der neuesten Konsolengenerationen ist beeindruckend
und regelmäßig findet diese auch außerhalb der Games-Branche Beachtung. So
basiert die bereits erwähnte Microsoft HoloLens-Technologie, die augmentierte
Bilder liefert, auch auf der Xbox-Technologie und wird in zahlreichen Branchen

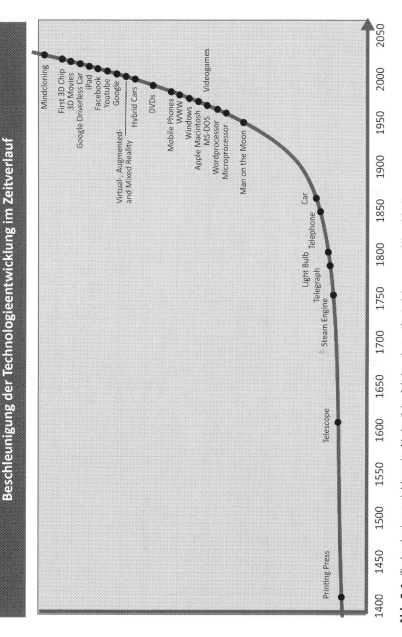

Abb. 2.4 Technologieentwicklung im Verlauf der Jahrhunderte. (In Anlehnung an King 2016)

von der Aufzugswartung bei ThyssenKrupp bis zur experimentellen Chirurgie an der Charité eingesetzt. Microsoft bezeichnet seine HoloLens-Technologie als ‚Mixed Reality'.

Bei aller Digitalisierungseuphorie und -kritik bleibt anzumerken, dass Zukunftsprognosen generell schwierig sind und regelmäßig signifikanten Fehleinschätzungen unterliegen. Thematisiert man den bereits erläuterten Themenkomplex Mindcloning, werden bei den Gesprächspartnern regelmäßig die folgenden Assoziationen geweckt:

- Es handelt sich um einen ‚gefährlichen' chirurgischen Eingriff in das Gehirn, bei welchem die Synapsen mit Elektroden verbunden werden.
- In Arnold Schwarzeneggers Terminator Movies und in der Matrix-Trilogie übernehmen die Maschinen die Kontrolle und ‚das Ganze geht nicht gut aus' für die Menschheit.
- Das Klonschaf Dolly starb nach wenigen Jahren, deshalb wird sich das Klonen im Allgemeinen nicht durchsetzen.

Analysiert man die oben genannten Themen im Zusammenhang mit dem Mindcloning, ergibt sich jedoch ein differenzierteres Bild:

Bei dem Mindcloning muss es sich nicht zwingend um einen chirurgischen und ‚gefährlichen' Eingriff in das Gehirn handeln (auch wenn es diese medizinischen Versuchsreihen gibt). Im Wesentlichen stellt sich die Frage, über welche Schnittstelle (Interface) die Daten des Gehirns transferiert werden. King (2016, S. 93) legt dar, dass sich die Sensorik signifikant weiterentwickeln wird, und dokumentiert dieses an einer selbsterklärenden Grafik (vgl. Abb. 2.5).

Deshalb könnte ein Verfahren, bei dem über einen längeren Zeitraum von beispielsweise 10 Jahren alle Gespräche eines Patienten mit dem Smartphone aufgezeichnet werden, sehr wahrscheinlich sein. Über eine Augenkamera wie beispielsweise Google Glass oder Kontaktlinsen erfolgt die Aufzeichnung aller Bilder, die der Alzheimer-Patient während des gleichen Zeitraums sieht. Alle Daten werden gespeichert und durch einen Algorithmus strukturiert. Ergänzt wird das Datenmaterial durch die Dokumentation aller digitalen Aktivitäten des Patienten, wie beispielsweise Social Media, E-Mails, Fotografien oder Videoaufzeichnungen, die dann als ‚Smart Data' verarbeitet und gespeichert werden. Tritt Alzheimer im fortgeschrittenen Stadium auf, sind diese bei Bedarf abrufbar und der Patient kann mit seinen Mitmenschen nach wie vor kommunizieren.

Der therapeutische Nutzen für das geliebte Familienmitglied ‚mit Honig im Kopf' (vgl. Schweiger und Zickler 2014) ist nachvollziehbar: In Zukunft wird er oder sie seine bzw. ihre Kinder erkennen und in der Lage sein, Dialoge zu führen, auch wenn der Zustand der Krankheit weit fortgeschritten sein sollte.

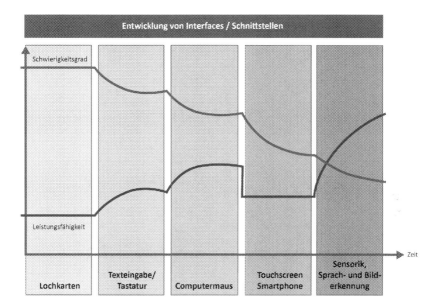

Abb. 2.5 Sensorik, Eingabemodus und Interfaces – Entwicklung. (In Anlehnung an King 2016)

Ob die Interaktion via Smartphone oder über ein anderes weiterentwickeltes Device erfolgt, wird zurzeit in den Forschungslabors getestet. Es ist unklar, wie sich diese Technologie für den Alzheimer-Patienten ‚anfühlen wird'. Definitorisch handelt es sich bei ihm um einen Cyborg – auch wenn sich diese Bezeichnung sicherlich nicht umgangssprachlich durchsetzen wird, denn auch Millionen von Menschen, die einen Herzschrittmacher tragen, werden nicht als Cyborg bezeichnet. Als Cyborg wird ein Mischwesen aus lebendigem Organismus und Maschine bezeichnet. Zumeist werden damit Menschen beschrieben, deren Körper dauerhaft durch künstliche Bauteile ergänzt werden. Die Bezeichnung ist ein Akronym, abgeleitet vom englischen cybernetic organism.

Bei den ‚Terminator' und ‚Matrix Movies' handelt es sich um actiongeladene Zukunftsszenarien – einschließlich zahlreicher Cyborgs. Im Wesentlichen wird in der Synopsis der Movies erzählt, dass ein ‚Supercomputer' die Kontrolle über die Menschheit übernimmt und diese ‚unterwirft'. Es stellt sich jedoch die Frage, warum ein Supercomputer oder Mindclone sich gegen die Gesellschaft richten sollte. Ebenfalls denkbar ist die positive Prognose dahin gehend, dass Mindclones das tägliche Leben erleichtern werden und nicht die Kontrolle über die Menschheit übernehmen.

Dolly, das legendäre Klonschaf, geboren am 5. Juli 1996, verstarb in der Tat nach 7 Jahren. Allerdings handelt es ich hierbei um die Anfangszeit des Klonens – der menschliche genetische Code wurde erst im Jahre 2000, nach 30 Jahren Forschungsarbeit, von dem Human Genome Project Team um Craig Venter entschlüsselt (vgl. Ridley 2006, S. 246). Weiterhin bleibt anzumerken, dass es sich bei dem genetischen Klonen um eine andere, nicht zu verwechselnde Technologie beziehungsweise wissenschaftliche Disziplin handelt. Fokussiert man die Diskussion auf das Mindcloning, so ist festzustellen, dass jährlich über 50.000 neurowissenschaftliche Artikel veröffentlicht werden (vgl. Rothblatt 2014, S. 62).

Antizipiert man, dass das ‚Ende der Welt' nicht durch das Mindcloning oder einen Supercomputer eingeläutet wird, sondern es sich hierbei um einen technologischen Fortschritt handelt, welcher der Menschheit hilft, ihre Spezies zu erhalten und weiterzuentwickeln, dann wird Digitalisierung in Wechselwirkung mit Gamification eine signifikante Rolle spielen: Das Lernen und der Umgang mit Know-how werden sich fundamental verändern. Schon heute werden geografische, soziologische und wirtschaftliche Barrieren im Hinblick auf die Ausbildung durch Google und YouTube überwunden. Es ist nur eine Frage der Zeit, bis sich das eLearning ‚neu ausgerichtet' hat – bekanntermaßen ist das ‚spielerische Erlernen' von Kenntnissen eine bewährte pädagogisch-didaktische Methode, die durch Gamification maximiert werden kann.

Den Vereinigten Staaten von Amerika, der größten Volkswirtschaft der Erde gemessen an der Wirtschaftsleistung (BIP), ist es gelungen, die Wertschöpfung durch Wissenschaft, Kapital und Entertainment zu verzahnen und zu maximieren.

Wie bereits in Games Industry Management dargelegt, ist es dem Dekan Fred Terman der Stanford University zu verdanken, dass wissenschaftliche Projekte mit einem hohen Wertschöpfungspotenzial durch Frühphaseninvestoren (Venture Capitalists) finanziert werden können (vgl. Anderie 2016, S. 202). Ursprünglich an der Ostküste in New York angesiedelt, ist es Wissenschaftlern heute möglich, auf Finanzierungsoptionen für ihre Projekte zurückzugreifen, die unabhängig vom Standort der Investoren an der amerikanischen West- oder East Coast realisiert werden. Durch die Digitalisierung sind Businesspläne vielversprechender Projekte in Realtime verfügbar und finden regelmäßig risikobereite Investoren, die visionäre – teilweise obskure – Projekte finanzieren.

‚Typisch amerikanisch' ist es auch marketingseitig gelungen, ein Branding für dieses ‚Ecosystem' mit drei geografischen Eckpfeilern zu etablieren (vgl. Abb. 2.6): Silicon Valley steht seit den 1950er-Jahren für innovative disruptive Innovationen, die die ‚Welt verändern', in der Region nahe San Francisco. Die Wall Street dient seit den 1790er-Jahren als Inbegriff des Kapitals, welches marktwirtschaftliches Unternehmertum von New York City aus finanziert. Und

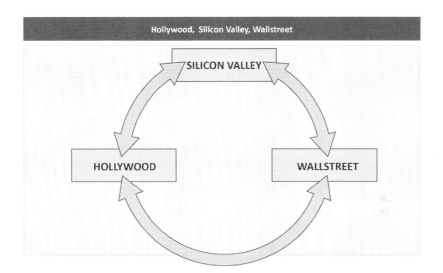

Abb. 2.6 Maximale Wertschöpfung durch Verzahnung von Wissenschaft, Kapital und Entertainment. (Eigene Darstellung)

Hollywood, ein Stadtteil von Los Angeles, gilt seit den 1920er-Jahren als Inbegriff für bestes Entertainment und erstklassige Film- und TV-Serien-Produktionen.

Während es für Wissenschaftler nicht immer einfach ist, den Nutzwert ihrer Forschungsergebnisse populärwissenschaftlich darzustellen und entsprechend zu promoten, gelingt es einer ganz anderen Branche regelmäßig, Zukunftstechnologien bildhaft und actiongeladen darzustellen.

Die Unterhaltungsindustrie, im Folgenden auf ‚Hollywood' reduziert, kann auf eine lange Tradition verweisen, wenn es darum geht, das Genre der Science Fiction (SF) zu promoten. Vom Weltraumabenteuer (Star Wars) bis zur genetischen Manipulation von Dinosauriern (Jurassic Park) gelingt es regelmäßig, potenzielle zukünftige Entwicklungen ‚auf die Leinwand zu bringen' und über die nachgelagerte Rechteverwertungskette (Pay TV, DVD/Blu-ray, Free TV, Internet) auszuwerten.

Im Hinblick auf Science Fiction sind zwei ‚Franchises' richtungsweisend: Star Trek und Star Wars. Beide Weltraumabenteuer verzeichnen einen hohen Anteil an Gamification und sind technologisch im Hinblick auf die bereits beschriebenen Entwicklungen von Augmented-, Virtual- und Mixed Reality richtungsweisend.

Allerdings funktioniert Hollywood ‚auch deshalb so gut‘, weil eine Wechselwirkung mit ‚wissenschaftlichem Input‘ und dem volkswirtschaftlichen Produkti-
onsfaktor Kapital besteht.

So ist es auch nicht überraschend, dass einer der führenden lebenden Wissenschaftler, der Mathematiker Stephen Hawking, im Zusammenhang mit Star Trek
ausführt:

> Science Fiction suggests ideas that scientists incorporate into their theories (…) and
> today's science fiction is tomorrow's science fact (Hawking 2007, S. XI f.).

Nun stellt ‚Science Fiction‘ neben dem Genre ‚Action‘ eines der Marktsegmente
für Hollywood dar, welches das höchste Marktpotenzial im Hinblick auf Box-
Office-Ergebnisse und TV-Einschaltquoten aufweist. Jüngere Verfilmungen wie
Iron Man 1–3 (Paramount Pictures & Disney) können Einspielergebnisse von
über 1 Mrd. USD verzeichnen, mit einer Storyline (Plot/Narration), die ohne die
technischen Möglichkeiten der Augmented Reality nicht hätte realisiert werden
können.

Doch warum erklärt sich ein Wissenschaftler wie Hawking bereit, ein positives Statement über die TV-Serie Star Trek abzugeben, die in der Zukunft spielt?
Die Antwort liegt auf der Hand: Hollywood ist es in den vergangenen 100 Jahren gelungen, Visionen perfekt zu visualisieren. Natürlich ist es für Wissenschaftler zermürbend, jahrelang, teilweise jahrzehntelang Versuchsreihen zu testen,
die möglicherweise niemals zu einem Erfolg führen. Dann ist es einfacher, eine
45-minütige Episode Star Trek anzusehen, bei der realistische oder unrealistische
physische Vorgänge dargestellt werden.

Um die Zusammenhänge zwischen ‚Star Trek‘ und ‚Wissenschaft‘ aufzuzeigen, werden im Folgenden exemplarisch der Communicator von Captain Kirk,
die Holografie und das Beamen (‚Beam me up, Scotty‘) dargelegt. Der preisge-
krönte Autor Lawrence M. Krauss, Professor für Physik und Astronomie, evaluiert in seinem populärwissenschaftlichen Fachbuch ‚The Physics of Star Trek‘
(2007) Realität und Fiktion der TV-Serie.

- Der Communicator: ist heute Realität in Form des Smartphones. Er wurde
  sogar bei ‚Weitem übertroffen‘, da das Smartphone Anwendungen ermöglicht,
  von welchen Captain Kirk in der Enterprise nicht einmal ‚zu träumen gewagt
  hätte‘.
- Die Holografie: Die dreidimensionale holgrafische Darstellung von Objekten
  erfolgt in Star Trek in fotorealistischer, hochauflösender und keineswegs ‚ver-
  pixelter Darstellung‘. Damit unterscheidet sich die Darstellung erheblich von

anderen Science-Fiction-Verfilmungen, wie beispielsweise ,Star Wars'. Laut Krauss leitet sich die Terminologie Holografie aus dem Griechischen ab, die Qualität (vgl. Krauss 2007, S. 132 ff.) der Holografie ist entscheidend abhängig von der ,intensity of light at each point. *Computers are now sophisticated enough to do ,ray tracing' – that is, they can calculate the pattern of light scattered from any hypothetical object you want to draw on screen, and illuminate from any angle* (Krauss 2007, S. 138). Sollte diese vielversprechende Evaluation zutreffend sein, dann wird Microsofts HoloLens – zweifelsohne eine der wichtigsten Entwicklungen im Hinblick auf Holografie in jüngerer Zeit – nur ein Zwischenschritt sein, bevor Lichtstrahlen ,nicht mehr durch Glas gebrochen werden müssen, um ein dreidimensionales holografisches Image zu projizieren'.

- Das Beamen stellt die komplexeste physische Herausforderung aller Star-Trek-Phänomene dar – abgesehen vom Reisen mit Lichtgeschwindigkeit (Warp). Krauss stellt die fundamentale Frage, ob es bei dem Beamen darum geht, Atome oder Bits mithilfe des sogenannten Transporters zu beamen (vgl. Krauss 2007, S. 82 f.). Das Beamen von Bits stellt sich hierbei ungleich einfacher dar. Er verweist auf den binären Code, welcher vielen Programmierern, insbesondere wenn sie mit Game Engines und zahlreichen Hilfsprogrammen arbeiten, nicht mehr zugänglich ist.

A bit is a 1 or a 0, which is combined in groups of eight, called bytes (Krauss 2007, S. 83).

Krauss (2007, S. 83) stellt eine der entscheidenden Fragen:

If you are you going to move people around, do you have to move their atoms or just their information?

Er erläutert, dass die digitale Information über Menschen (in Form von Bits und Bytes) in Lichtgeschwindigkeit transferiert werden kann. Er vergleicht das Beamen mit dem Versand einer E-Mail am Beispiel eines Kfz (vgl. Krauss 2007, S. 87). Der Versand von Bauplänen und der Fotografie stellt kein Problem dar: Die Herausforderung ist es, das Auto beim Empfänger zu rekonstruieren (vgl. Krauss 2007, S. 87). In der heutigen Zeit stellt sich dieses sicherlich als komplex dar, aber angesichts der aktuellen Diskussion über 3D-Drucker erscheint diese Challenge in absehbarer Zeit als lösbar. Krauss führt aus, dass das Beamen eines Autos aufgrund seiner Masse und atomaren Struktur in absehbarer Zeit unmöglich erscheint. Refokussiert man das Beamen – wie bei Star Trek üblich – auf

einen menschlichen Körper, so stellt zunächst einmal die erforderliche Energie
ein wesentliches Problem dar. Krauss (2007, S. 88) verweist auf Einsteins Relati-
vitätstheorie und berechnet, dass die Transformation eines 50 kg schweren Menschen

> the energy equivalent of a thousand 1-megaton hydrogen bomb

erfordern würde. Er verweist darauf, dass ‚die Zerstörung' des Menschen nicht
zwingend notwendig sein müsste, wenn dieser an anderer Stelle repliziert werden
würde (vgl. Krauss 2007, S. 88). Angesichts der aktuellen Diskussion im Hinblick auf die Genforschung geht Krauss jedoch davon aus, dass es nicht unerheb-
liche Diskussionen bei dieser Form des Beamens geben würde.

An dieser Stelle würde die weitere (durchaus lesenswerte) Darstellung der
physischen Herausforderungen des Beamens zu weit führen und den Rahmen von
‚Gamification, Digitalisierung und Industrie 4.0' sprengen. Festzustellen bleibt,
dass aufgrund physikalischer Limitierungen das Beamen eines Menschen, laut
Krauss, in absehbarer Zeit nicht möglich sein wird.

Natürlich durchlaufen nicht alle Branchen durch Science Fiction vorgezeich-
nete Prozesse.

Westerman, Bonnet und McAfee (2014) verweisen darauf, dass Digitali-
sierungsprozesse durch Transformation und Disruption im Branchenvergleich
erheblich variieren. Als ‚Beginners' stufen sie die FMCG- (Fast Moving Con-
sumer Goods) und Pharma-Branche ein. Die sogenannten ‚Conservatives',
Branchen, die sich dem digitalen Wandel vorsichtig nähern, finden sich in der
Versicherungs-Industrie und der Energieversorgung (Westerman et al. 2014,
S. 22). ‚Fashionistas' springen auf digitale Trends ‚schnell auf' und sind beispielsweise in der Reise-Branche und der Telekom-Industrie verortet. ‚Digital
Masters' finden sich im Bankenwesen, dem Handel (eCommerce non-food) und
natürlich im Technologie-Bereich.

2.3   Industrie 4.0

Klaus Schwab, Veranstalter des World Economic Forum und Autor von ‚Die
vierte industrielle Revolution', erläutert, dass im Jahr 2011 auf der Hannover-
Messe unter dem Schlagwort Industrie 4.0 ein neues Zeitalter proklamiert wurde.
Im Wesentlichen gilt es, die enge Verzahnung der industriellen Produktion mit
digitalen Technologien und globalen Wertschöpfungsketten (vgl. Schwab 2016a,
S. 18) zu organisieren:

Die größte und wichtigste der vielen verschiedenen faszinierenden Herausforderungen (…) sind das Verständnis und die Gestaltung der neuen technologischen Revolution, die mit nichts Geringerem als einem tiefgreifenden Wandel der menschlichen Zivilisation einhergeht. Wir stehen am Anfang einer Revolution, die unsere Art zu leben, zu arbeiten und miteinander zu interagieren grundlegend verändern wird (Schwab 2016a, S. 9).

Schwab verweist auf ‚neue' Technologien wie beispielsweise Künstliche Intelligenz (KI), Robotik, Internet of Things (IoT) und selbstfahrende Autos und umschreibt die mit der technologischen Entwicklung einhergehenden Prozesse als vierte industrielle Revolution. Er führt selbstkritisch aus, dass einige Wissenschaftler die von ihm beschriebenen Prozesse in den dritten Teil der industriellen Revolution einordnen würden (vgl. Schwab 2016a, S. 11). Im Wesentlichen erfolgt aus seiner Perspektive die historische Einordnung wie folgt (vgl. Abb. 2.7):

Die Einteilung von Zeitabschnitten ist durchaus sinnvoll, um komplexe fortschreitende technologische Entwicklungen zu dokumentieren. Schwab ist es zweifelsohne auch gelungen, die vierte industrielle Revolution unter dem Schlagwort Industrie 4.0 zu promoten.

Die Bedeutung der Games-Industrie im Dreiklang der Innovationen Gamification, Digitalisierung und Industrie 4.0 wurde auch anlässlich der CeBIT-Konferenz in Hannover transparent, wie die folgende Meldung des Fachmagazins GamesMarkt verdeutlicht:

Zeithorizont der industriellen Revolutionen nach Klaus Schwab
1760 – 1840   Erste industrielle Revolution (Eisenbahnen, Dampfmaschinen, mechanische Produktion)
1850 – 1950   Zweite industrielle Revolution (Elektrizität, Fließband, Massenproduktion)
1960 – 2015   Dritte industrielle Revolution, synonym digitale Revolution (Großrechner, PC, Internet)
Ab 2016   Vierte industrielle Revolution (IoT, Blockchain, On-Demand Economy)

Abb. 2.7 Industrie 4.0 und die vorgelagerten Revolutionen. (In Anlehnung an Schwab 2016a)

Hannover, 29.03.2017, 11:09 Serious Games Conference zeigt Stellenwert von Games für Industrie 4.0

Im Rahmen der CeBIT fand die zehnte Serious Games Conference statt und auch sie war ein voller Erfolg. Rund 350 Teilnehmer kamen zu der Konferenz, die von nordmedia im Auftrag des Niedersächsischen Wirtschaftsministeriums und in Partnerschaft mit dem BIU und der Deutschen Messe AG organisiert wird. Den Teilnehmern wurde ein spannendes Programm geboten, das vor allem unter dem Thema „Augmented und Mixed Reality" stand. Im Bundestagswahljahr bot die SGC aber auch eine Bühne für ein politisches Statement. Dies kam von Daniela Behrens, Staatssekretärin im Niedersächsischen Ministerium für Wirtschaft, Arbeit und Verkehr: „Jetzt, wo mit Industrie 4.0 die Digitalisierung mitten in der Wirtschaft angekommen ist, ergeben sich immer mehr Anwendungsmöglichkeiten und Projektchancen für interaktive Technologien in Unternehmen. Die Kenntnisse und Fähigkeiten der Games-Developer werden mehr denn je gebraucht." Eine Vorlage, die von den Organisatoren und Partnern gerne aufgegriffen wurde. „10 Jahre Serious Games Conference zeigen, dass nordmedia und der Partner BIU schon früh die Potenziale der Games-Technologien für die Anwendung in Wirtschaft, Bildung und Wissenschaft erkannt haben", sagte nordmedia-Geschäftsführer Thomas Schäffer bei der Begrüßung der Gäste. Und Felix Falk, Geschäftsführer des BIU – Bundesverband Interaktive Unterhaltungssoftware – ergänzte: „Mit der rasant zunehmenden Digitalisierung und der Vernetzung von Games mit anderen Wirtschaftsbereichen wird auch die Serious Games Conference als Leit-Konferenz für diesen Bereich immer wichtiger. Die Konferenz zeigt jedes Jahr aufs Neue die spannendsten Anwendungsbeispiele, vielversprechendsten Trends und neusten Marktchancen von Games-Technologien."

Quelle: GamesMarkt 2017: Serious Games Conference zeigt Stellenwert von Games für Industrie 4.0. Online im Internet unter: http://www.mediabiz.de/games/news/serious-games-conference-zeigt-stellenwert-von-games-fuer-industrie-4-0/416899 (10.08.2017)

Auch Philip Kotler, Professor für Marketing an der Kellogg School of Management der Northwestern University, folgt dem von der IT-Branche adaptierten Gliederungsansatz, welche Software-Updates mit Versionsnummern kennzeichnet (vgl. Kotler et al. 2017). Er verzichtet jedoch darauf, eine differenzierte zeitliche Einteilung der betriebswirtschaftlichen Teildisziplin des Marketings vorzunehmen.

Kotler et al. (2017, S. XV) unterscheiden die Entwicklung des Marketings folgendermaßen (vgl. Abb. 2.8):

Kotler verweist auf neue Trends wie die ‚sharing economy‘, ‚now economy‘, ‚omnichannel integration‘, ‚content marketing‘ und ‚social CRM‘ (vgl. Kotler et al. 2017, S. XVI) und die damit einhergehenden Transformationsprozesse im Marketing.

Auch der deutsche Autor Thomas Breyer-Mayländer nutzt in seinem Fachbuch ‚Management 4.0 – den digitalen Wandel erfolgreich meistern‘ die griffige Terminologie ‚4.0‘, um zu verdeutlichen, dass ein Wandel auch in der Managementlehre ansteht (vgl. Breyer-Mayländer 2017). Breyer-Mayländer dokumentiert die Bedeutung der vierten industriellen Revolution und zeigt auf, wie diese in Wirtschaftsverbänden oder dem BMWi (Bundesministerium für Wirtschaft und Energie) und der Literatur an Bedeutung gewinnt (vgl. Breyer-Mayländer 2017, S. 109 ff.). Weiterhin erläutert er, dass die ‚Promotorengruppe Kommunikation der Forschungsunion Wirtschaft – Wissenschaft‘ der Bundesregierung am 25. Januar 2011 in ihren Handlungsempfehlungen das Zukunftsprojekt 4.0 vorgeschlagen hat und (…) mit der Umsetzung in Wirtschaft, Wissenschaft und Politik bereits begonnen wurde (Breyer-Mayländer 2017, S. 111).

Breyer-Mayländer dokumentiert die vier Stufen der industriellen Revolution in Anlehnung an das Bundesministerium für Wirtschaft und Energie folgendermaßen (vgl. Abb. 2.9):

Jedem Autor ist es unbenommen, andere Zeithorizonte im Hinblick auf die technologische Entwicklung zu definieren und zu publizieren, als von Schwab oder Breyer-Mayländer dargelegt. Brett King, Autor des Fachbuchs ‚Augmented Life in the Smart Lane‘ (2016) differenziert zwischen folgenden historischen Zeitabschnitten (vgl. Abb. 2.10):

Entwicklung des Marketing nach Philip Kotler	
Marketing 1.0	Product-driven marketing
Marketing 2.0	Customer-centric marketing
Marketing 3.0	Customer transformation marketing
Marketing 4.0	Human-centric marketing

Abb. 2.8 Kotler differenziert das Marketing nach ‚Versionsnummern‘. (In Anlehnung an Kotler et al. 2017)

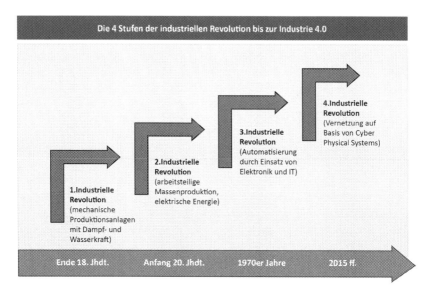

Abb. 2.9 Industrielle Revolution. (Nach Breyer-Mayländer 2017)

Zeithorizont der Technologisierung nach Brett King	
1800 – 1945	The Industrial or Machine Age (e.g. large-scale manufacturing process)
1945 – 1975	The Atomic, Jet or Space Age (e. atomic energy, rockets, satellites)
1975 – 2015	The Information or Digital Age (e.g. computing, networking, telecommunication)
Ab 2016	The Augmented Age (e.g. robotics, metamaterials, artificial intelligence)

Abb. 2.10 Entwicklungsschritte und zeitliche Entwicklung. (In Anlehnung an King 2016)

In der Regel ist es weniger schwierig, Entwicklungen für die Zukunft im Allgemeinen zu prognostizieren, als für deren zeitlichen Horizont. In der Vergangenheit hat es immer wieder Fehleinschätzungen über die Marktreife von ‚schwebenden Autos' (wird es vermutlich irgendwann geben) bis hin zum ‚Weltuntergang' (immer wieder prognostiziert, aber nie eingetreten) gegeben. Zweifelsohne wird der technologische Fortschritt auch dazu führen, dass mithilfe von Games-Technologien signifikante Fortschritte im Hinblick auf medizinisch-therapeutische Anwendungen erfolgen werden – wann das der Fall sein wird, ist jedoch ungewiss.

Die Kfz-Industrie, die synonym auch als Automobilbranche bezeichnet wird, birgt ein hohes Potenzial im Hinblick auf den ‚Dreiklang der Innovationen' – Gamification, Digitalisierung und Industrie 4.0 – allerdings mit der damit einhergehenden Herausforderung der Disruption, die dazu führen kann, dass ihre angestammten Märkte nicht ausgeschöpft werden können. Nicht nur der Abgasskandal, bei dem Abgaswerte von Dieselmotoren vorsätzlich manipuliert wurden, stellt eine vermeintliche Bedrohung dar; auch potenzielle ‚neue Konkurrenten' und die ‚Gefahr durch Substitutionsprodukte' im Sinne von Porters ‚Modell der fünf Wettbewerbskräfte' (vgl. Anderie 2016, S. 83) sind nicht zu unterschätzen.

Dass es aus physikalischer Sicht recht altmodisch wirkt, mit einem Verbrennungsmotor und dem damit verbundenen schlechten Wirkungsgrad (…) durch die Gegend zu fahren, ist nicht verwunderlich. Individuelle Autos (…), die die meiste Zeit über nur herumstehen (…) und mit durchschnittlich 1,5 Personen besetzt sind (Breyer-Mayländer 2017, S. 41), gelten bei Weitem nicht mehr als zeitgemäß und lassen die Schlussfolgerung zu, dass es eine der Schlüsselbranchen der deutschen Wirtschaft versäumt hat, sich ‚regelmäßig neu zu erfinden'. Allerdings gilt es zu bedenken, dass auch die ‚Silicon-Valley-Akteure' (vgl. Breyer-Mayländer 2017, S. 44), die angetreten sind, die Kfz-Industrie zu revolutionieren, erst noch ihre Wettbewerbsfähigkeit unter Beweis stellen müssen. Google fährt mit seinen ‚eierförmigen selbstfahrenden' Autos bereits seit mehreren Jahren durch die Start-up-Metropole in Kalifornien – ohne einen zeitlich absehbaren Nutzen für den Massenmarkt. Uber hat erhebliche rechtliche Probleme, die nicht zuletzt in dem Rücktritt des Firmengründers und CEOs gipfelten. Und ob Elon Musk (vgl. Vance 2015) mit seinem Tesla den Markt für Elektroautos nachhaltig revolutionieren kann, bleibt ebenfalls abzuwarten.

Dokumentiert sind jedoch die strukturellen Schwächen des Volkswagen-Konzerns, dem größten Unternehmenskonglomerat der deutschen Kfz-Industrie, welche im Hinblick auf die notwendigen Entwicklungen bei Industrie 4.0 limitierend wirken könnten (vgl. Breyer-Mayländer 2017, S. 41):

- Autoritäre Managementstrukturen
- Angst als Kreativitäts- und Innovationshemmnis
- Fehler in der Kommunikation und beim Management mit Behörden und Öffentlichkeit

Breyer-Mayländer erläutert, dass

> der Mangel an Innovationsfähigkeit und die fehlende Adaption des Unternehmens (Volkswagen) die eigentliche Ursache für diese für das Unternehmen dramatische Situation seien. Bei der Manipulation der Software für die Prüfsituation der Motoren war das erschreckende Element die Tatsache, dass dieser Betrug ethisch für die VW-Leute überhaupt eine Option und sachlich überhaupt notwendig war. VW war offensichtlich nicht einmal in der Lage, die erhaltende Innovation (Perfektionierung des Bestehenden in Form sparsamer umweltschonender Diesel-Motoren und ressourceneffizienter Produktion) zu leisten, von den disruptiven Innovationen ganz zu schweigen (Breyer-Mayländer 2017, S. 41).

Abgesehen von den ethisch-moralischen Verfehlungen im VW-Management und den möglichen strafrechtlichen Konsequenzen kann ‚Dieselgate' als empirischer Beleg dafür gelten, welche Herausforderungen der Themenkomplex Industrie 4.0 und die damit einhergehende Disruption von Märkten an die Unternehmensführung und das Management eines Unternehmens stellen.

Der Wandel, den die vierte ‚industrielle Revolution' an die Führungskräfte von Unternehmen stellt, lässt sich auch anhand der betriebswirtschaftlichen und der Management-Literatur erkennen. Galt in den 1980er-Jahren noch das Fachbuch ‚In Search of Excellence' des Unternehmensberaters und Management-Gurus Tom Peters als ultimative Management-Literatur für jeden BWL-Studenten und jede Unternehmensführungskraft (vgl. Anderie 2016, S. 243), so gelten die darin propagierten Management-Modelle heute als überholt. Im Wesentlichen zeigte sich, dass in der unternehmerischen Praxis zahlreiche der in ‚Search of Excellence' analysierten Unternehmen nicht wirtschaftlich überlebensfähig waren. Breyer-Mayländer verweist auf Christensen (1997) und erläutert:

> Das Problem der ‚gut geführten Unternehmen' lag darin, (…) dass die Führung bislang damit erfolgreich war, das Beste aus dem Unternehmen im aktuellen Markt herauszuholen. Erfolgsprinzipien wie etwa die Kundenorientierung können in einzelnen Fällen dazu führen, dass man die aktuelle Wirtschaftsweise perpetuiert. Es geht dann am Ende um die Fortsetzung des bisherigen Geschäfts mit verfeinerten Mitteln und nicht um den Sprung in ein anderes Geschäftsfeld. Kundenorientierung und konventionelle Marktforschung funktionieren nur dann, wenn man auch den Bedarf von Produkten ermittelt, die in ihrer Funktion oder ihrem Nutzen der Zielgruppe vertraut sind. Man kann auch hier auf einen überlieferten Spruch von Henry Ford zurückgreifen, der zur Innovation anmerkte: ‚Wenn ich die Menschen gefragt hätte, was sie wollen, hätten sie gesagt schnellere Pferde' (Breyer-Mayländer 2017, S. 33 f.).

Vergleicht und analysiert man die drei bereits genannten Branchen Games, Kraftfahrzeug und Gesundheitsindustrie, so fällt auf, dass Geschwindigkeit und Zeithorizonte innerhalb der Managementprozesse erheblich variieren.

In der Games-Branche kann die Entwicklungsdauer, beispielsweise für ein Mobile Game, auf wenige Wochen begrenzt sein. Auch der Produktlebenszyklus kann für Videogames, im branchenübergreifenden Vergleich, verhältnismäßig kurz sein und ist teilweise auf wenige Wochen fokussiert. Natürlich ist die Entwicklung einer Game Engine komplexer und beansprucht mehr Zeit, nichtsdestotrotz ist die Games-Branche ‚durch eine hohe Schlagzahl‘ mit kurzen Zeithorizonten geprägt.

Anders verhält es sich in der Kfz-Industrie, die generell mehrere Jahre benötigt, bis ein Fahrzeug zur Serienreife entwickelt wird, das dann über einen Zeitraum von Jahrzehnten vermarktet wird. Auch die Innovationsgeschwindigkeit ist – im Vergleich zur Games-Branche – langsamer, was unter anderem dadurch dokumentiert wird, dass es sich bei der Engine eines Kfz um eine über 100 Jahre alte Technologie handelt – den Verbrennungsmotor.

In der Gesundheitsindustrie sind die Zeithorizonte, in welchen Produktentwicklung und -vermarktung realisiert werden, einschließlich der damit einhergehenden Managementprozesse, noch länger. Durch aufwendige Forschungs- und Entwicklungsprozesse, Patent- und Zulassungsverfahren ergeben sich Umfeldfaktoren, die mehrere Jahrzehnte in Anspruch nehmen.

Breyer-Mayländer beschreibt in seinem Fachbuch ‚Management 4.0‘ die besonderen Herausforderungen, die an Führungskräfte im Rahmen der Digitalisierung gestellt werden (vgl. Breyer-Mayländer 2017, S. 10 f.). Er erläutert große Unsicherheiten innerhalb der Unternehmen und unterteilt diese in zwei Gruppen:

- Unternehmen, die den digitalen Wandel stark unterschätzen und in deren Weltbild disruptive Veränderungen nicht vorgesehen sind
- Unternehmen, welche die Notwendigkeit des Wandels erkennen und neue Organisationen komplett neu aufbauen

Natürlich gibt es innerhalb dieser beiden Extrempositionen auch eine Vielzahl an Unternehmen, die bestrebt sind, die Herausforderungen der Digitalisierung integrativ innerhalb der bestehenden Unternehmensorganisation anzunehmen. Die enge Zusammenarbeit des erfahrenen (in Digitalisierungsfragen jedoch unerfahrenen) Managements und die nachwachsende Managementgeneration gilt es dann auf fachlicher, formeller und informeller Ebene ‚zur Kooperation zu bewegen‘. Als nachwachsende Managementgeneration wird hierbei auf die Generation Y verwiesen, bei der als ‚Digital Natives‘ digitales Know-how antizipiert wird.

Doch die Zusammenarbeit eines ‚erfahrenen Managements' mit der Generation Y ist nicht immer einfach und regelmäßig konfliktbehaftet. Das ‚erfahrene Management' verfügt über einen Erfahrungsschatz und Know-how, welches von der Generation Y nicht unbedingt als wertvoll anerkannt wird. Im Umkehrschluss ist es jedoch auch keineswegs so, dass das ‚erfahrene Management' das digitale Know-how der Generation Y anerkennt.

Hierbei kann sich die Diskussion sehr schnell im Kreise drehen. Management-Know-how kann durch den ‚Silicon Valley Hype', bei dem junge unerfahrene Manager der Generation Y, die vermeintlich offener für Veränderungen sind als langjährig erfahrene Führungskräfte, verloren gehen.

Allerdings bleibt festzustellen, dass in der jüngeren Literatur zunehmende Kritik an der wirtschaftlichen Performance von Silicon-Valley-Unternehmen und deren Managementleistungen geäußert wird. Dan Lyons beschreibt in seinem Buch ‚Disrupted – My Misadventure in the Start-up Bubble':

> Every year only a handful of Silicon Valley companies deliver big paydays. If you are a VC, you must have money parked in those companies. But getting into those deals it is not so easy. Investors have to compete to get into hot deals (Lyons 2017, S. 186).

In der Tat stehen Silicon-Valley-Investoren unter einem nicht unerheblichen Erfolgsdruck. Aufgrund der Vielzahl der innovativen Unternehmen ist es sehr schwierig, die Spreu vom Weizen zu trennen, und deshalb bezeichnen Kritiker die Investmentstrategien als ‚Spray and Pray': Investitionen werden gestreut, in der Hoffnung, dass eines von zehn Unternehmen, in welches investiert wird, die Verluste von neun gescheiterten kompensiert.

Dass diese Investitionsstrategien bei der Führung und im Management eines Unternehmens zu Irritationen und wenig Nachhaltigkeit führen, ist naheliegend und so ist es nicht verwunderlich, dass Anthony Garcia Martinez in seinem Buch ‚Chaos Monkeys – Inside the Silicon Valley Machine' zu folgender Erkenntnis kommt:

> Startups are business experiments performed with other people's money (Martinez 2016, S. 113).
> Silicon Valley is the zoo where the chaos monkeys are kept, and their numbers only grow in time. With the explosion of venture capital, there is no shortage of bananas to feed them. The question is whether it can survive these entrepreneurial chaos monkeys intact, and at what human cost (Martinez 2016, S. 103).

Natürlich ist diese Metapher überzogen, dokumentiert jedoch gleichermaßen die Limitierungen, die entstehen, wenn junge innovative Unternehmen mit Mitarbeitern der Generation Y die Digitalisierung gestalten sollen: Mit viel Euphorie werden innovative Opportunitäten im Markt angegangen und im Sinne von Industrie 4.0 transformiert. Die Erfolgsaussichten sind jedoch keineswegs höher als bei der Erschließung neuer Geschäftsfelder durch bestehende Unternehmen.

Um das Gefahrenpotenzial der Digitalisierung abzuwenden oder zumindest die Erfolgsaussichten zu optimieren, sollte das Erfahrungswissen von Führungskräften der erfahrenen Generationen mit dem Digitalisierungs-Know-how der Generation Y kombiniert werden – eine Mischung, die dann zur ‚Digitalen Weisheit' führen kann (vgl. Breyer-Mayländer 2017, S. 11 f.). Die Kombination des seit Jahrtausenden in der Philosophie verorteten Begriffs ‚Weisheit' mit der seit den 1960er-Jahren genutzten Terminologe der ‚Digitalisierung' bildet eine erneute bemerkenswerte sprachliche Meisterleistung. Schon die zuvor als Zungenbrecher beschriebene Terminologie Gamification dokumentierte, dass Sachverhalte und Zustandsbeschreibungen im Rahmen von Digitalisierung und Industrie 4.0. durch ‚neue Begrifflichkeiten' beschrieben werden können (und müssen). In der unternehmerischen Praxis stellt sich die Frage, wie ‚Digitale Weisheit' zum wirtschaftlichen Erfolg eines Unternehmens beitragen soll und wie diese im Hinblick auf Leadership, Management und Unternehmensführung implementiert werden kann. Denn das beschriebene Konfliktpotenzial zwischen den beiden Management-Generationen (‚Erfahren' und ‚Generation Y') bleibt schließlich bestehen.

> Leadership is simple. If you want people to follow you, you need to be going somewhere. And then you need to convince them that they want to come with you (Woods 2013, S. 2).

Diese einfache, reduzierte Definition von Führung mag hilfreich sein, wenn Digital Leadership im Sinne von Unternehmensführung diskutiert wird. Breyer-Mayländer führt aus, dass die ‚transformationale Führung' dazu beitragen kann, dass das ‚erfahrene Management' mit der Generation Y effizient zusammenarbeitet und Wertschöpfung generiert. Dadurch entstehe ein *Cocktail unterschiedlicher Erfahrungen, Interessen und Blickwinkel, die* zum unternehmerischen Erfolg führen können (vgl. Beyer-Mayländer 2017, S. 167).

Management und Gamification 3

In der Betriebswirtschaftslehre und unternehmerischen Praxis wird zunehmend mit den Methoden der Gamification gearbeitet, beispielsweise im Change Management. Voith (2017, S. 43) führt aus, dass eine Kontextabhängigkeit im Hinblick auf Erfolg oder Misserfolg besteht, in Abhängigkeit zur Zielgruppe, der Problemstellung und der jeweiligen (Unternehmens-)Kultur.

Die Disruption von Märkten oder die Transformation von Geschäftsbereichen mithilfe von Gamification gilt es im Hinblick auf die aktuelle Managementliteratur unter dem Aspekt des Change-Management-Prozesses zu evaluieren. Jo Owen führt in seinem Bestseller ‚How to lead‘ aus, dass eine Wechselwirkung zwischen ‚Enthusiasm for Change‘ und dem zeitlichen Horizont besteht. Die Kunst eines Leadership-Teams im Sinne von Mitarbeiterführung bestehe darin, dass der Prozess nicht kollabiere (Owen 2015a, S. 137 ff.).

Management und Gamification eröffnen ein hohes Potenzial im Hinblick auf den Wandel von Unternehmen und die angestrebten Prozesse der Wertschöpfung. Aufgrund des sozialen und ökonomischen Systems, in dem sich Management und Unternehmensführung während des Gamification-Prozesses bewegen, sind Krisen vorprogrammiert, die durch Detailkomplexität und Dynamikkomplexität entstehen (Sastra und Penn 2014, S. 217 ff.).

> Managing is easy when things are going well. The test for a manager does not come
> in easy street: it comes when things go wrong (Owen 2015b, S. 177).

Deshalb ist es entscheidend, dass die involvierten Manager in der Lage sind, zu reflektieren und Resilienz zu entwickeln (Sastra und Penn 2014, S. 217 ff.).

Es kann als unwahrscheinlich gelten, dass Gamification aufgrund ihrer engen Verzahnung mit der Digitalisierung in den kommenden Jahren an Bedeutung verliert. Allerdings wird es sich noch erweisen müssen, wie der bereits beschriebene

© Springer Fachmedien Wiesbaden GmbH 2018
L. Anderie, *Gamification, Digitalisierung und Industrie 4.0,*
essentials, https://doi.org/10.1007/978-3-658-19865-7_3

Know-how-Transfer erfolgen soll. Deshalb gilt es, zwischen der brancheninternen und branchenexternen Sichtweise im Hinblick auf Gamification zu differenzieren.

Die *brancheninterne Sichtweise* muss sich mit der Frage befassen, wie das umfangreiche Know-how der Games-Branche auf andere Branchen transferiert werden kann. Das Ökosystem der Games-Branche bietet eine ganze Bandbreite an Know-how-Trägern, die diese Transferleistung übernehmen könnten: Development Studios, Publisher, Consultants, Hochschulen, Verbände, Konferenzveranstalter und andere Branchenteilnehmer verfügen alle – wenn auch mit unterschiedlicher Ausprägung – über Know-how, das sie übertragen könnten.

Naheliegend wäre es, dass die Menschen, die an der Quelle der Wertschöpfung in der Games-Branche tätig sind – die Spieleentwickler in den Development Studios –, diese Funktion übernehmen. Die ‚Kraftanstrengung' der Transferleistung ist jedoch nicht zu unterschätzen, da die Kernkompetenz der Game Development Studios nicht in der Vermittlung von spezifischem Wissen liegt, sondern in der Entwicklung von Games. Weiterhin handelt es sich hierbei um eine Fragestellung bezüglich der Ressourcen, die es unter organisatorischen, motivatorischen und wirtschaftlichen Aspekten zu beachten gilt. Auf dem ‚Deutschen Entwicklerpreis Summit 2016' in Köln (vgl. Aruba Events GmbH 2017) wurde auf einem von Stephan Reichart, Geschäftsführer des führenden Konferenzveranstalters Aruba Events GmbH, moderierten Panel das mannigfaltige Thema aufgegriffen: Er interviewte den langjährigen Games-Branchen-Manager und Gründer des Frankfurter Studios Deck13 Dr. Florian Stadlbaur bezüglich seines Wechsels zur Commerz Real AG mit dem Ergebnis, dass Know-how-Transfer möglich, aber durchaus komplex sein kann.

Es ist naheliegend, dass der Know-how-Transfer aus der Sicht eines Development Studios nur schwerlich als Beratungsdienstleistung erbracht werden kann. Anders verhält es sich natürlich bei sogenannten ‚Work for hire'-Projekten (Auftragsproduktionen), bei welchen Games als Promotion Tools oder edukative Spiele entwickelt werden. Zu dieser Kategorie zählen großenteils auch die sogenannten ‚Serious Games', von denen bereits die Therapie-Apps ausführlich beschrieben wurden. Ruth Lemmen, langjährige Branchenkennerin, bestätigt in einem Experteninterview am Rande der Quo-Vadis-Konferenz in Berlin (vgl. Quo Vadis o. J.) die Herausforderungen, die bei dem Fachgebiet ‚Serious Games' auftreten: Die Thematik und die Notwendigkeit sind Branchenvertretern durchaus zugänglich – im Hinblick auf die strategische und operative Umsetzung können die notwendigen Ressourcen jedoch nicht ohne Weiteres zur Verfügung gestellt werden.

Auch für die *Publisher* bleibt festzustellen, dass deren originäre Aufgabenstellung die Veröffentlichung von Games ist und nicht zum Know-how-Transfer bei Gamification beizutragen.

Die Hochschulen, die prinzipiell prädestiniert wären für den Gamification-Know-how-Transfer, bieten ein unterschiedliches Bild: So sind beispielsweise Absolventen der SRH-Hochschule Heidelberg im Studiengang ‚Virtuelle Realitäten' begehrt bei potenziellen Arbeitgebern, sodass ‚ein War for Talent' zu verzeichnen ist: Ein Absolvent hat in der Regel mehrere ‚Job Offers' und kann sich aussuchen, ob er in der Games-Branche, der Automobil-Branche oder einer anderen Branche sein erworbenes Wissen nutzen möchte. Allerdings gibt es signifikante Unterschiede im Hinblick auf die Qualität der Lehre an den bundesdeutschen Hochschulen: Ohne fokussierte Lehre stellt sich der Know-how-Transfer natürlich als schwierig dar. Ein möglicher Ansatz für Know-how-Transfer verbirgt sich möglicherweise hinter der Terminologie APITS (Applied Interactive Technologies), die regelmäßig im Zusammenhang mit Serious Games genannt wird:

> Computer- und Videospiele sind das erste originäre Digitalmedium der Menschheit und führen uns schon heute vor Augen, mit welchen Werkzeugen und Vorgehensweisen wir die Digitalisierung gestalten können. Während ältere Medien im Analogen verwurzelt bleiben und sich nach und nach an die digitalen Veränderungen anpassen müssen, spiegeln digitale Spiele bereits die Lebenswelt dieser neuen Epoche wider. Sie sind sozial, kooperativ und interaktiv. Sie sind intuitiv und immersiv. Sie finden das Gleichgewicht zwischen Motivation und Herausforderung und sind darüber hinaus intermedial und konvergent. Sie vereinen in sich die Kompetenzen, die durch die Lebens- und Arbeitsweisen in modernen, digitalen und durch Wissensarbeit geprägten Gesellschaften gefordert werden. Diese Kompetenzen kann sich die klassische Wirtschaft durch den Einsatz der Mechaniken und Technologien digitaler Spiele in spielfremden Kontexten aneignen. Diese „Applied Interactive Technologies" – kurz APITs – haben das Potential, zu einem Grundpfeiler der industriellen Revolution 4.0 zu werden (BIU – Bundesverband Interaktive Unterhaltungssoftware 2017b).

Seit der Einführung der Terminologe APITs ist mittlerweile ein nicht unerheblicher Zeitraum vergangen, ohne dass sich diese durchschlagend in der Diskussion durchgesetzt hätte. Ob die Hochschulen die Herausforderung APITs annehmen und bewältigen werden, wird sich über die Zeitachse zeigen.

Eine Veröffentlichung sollte Klarheit über die deutsche Hochschullandschaft und das Potenzial im Hinblick auf Games-Branchen-Know-how bieten: Professor Björn Bartholdy, der an der TH Köln im Cologne Games Lab doziert, publizierte gemeinsam mit einem Autorenteam ‚Games studieren – was, wie, wo?: Staatliche Studienangebote im Bereich digitaler Spiele' im Oktober 2017. Fairerweise muss man jedoch ergänzen, dass diese Publikation ausschließlich staatliche Studienangebote aufführt, während sie die großenteils deutlich früher etablierten und daher wesentlich erfahreneren Studien- und Ausbildungsangebote privater Anbieter komplett übergeht. Eine vollständige Auflistung aller Bildungs- und Ausbildungsangebote wäre wünschenswert, existiert aber zum aktuellen Zeitpunkt noch nicht.

Ansonsten gibt es mittlerweile eine überschaubare Anzahl an Unternehmen und Unternehmensberatungen, die Gamification als Dienstleistung anbieten. Dieser Markt befindet sich im Aufbau und in Abhängigkeit von den Mitarbeiterprofilen kann hier ein Beitrag zum Know-how-Transfer geleistet werden. Die Experimental Game GmbH unter der Führung von Prof. Thomas Langhanki und Nico Nowarra sowie IJsfontein Interactive Media GmbH mit dem Team um Thorsten Unger, Dr. Martin Thiele-Schwez und André Bernhardt können an dieser Stelle exemplarisch benannt werden.

Die *branchenexterne Sichtweise* im Hinblick auf Gamification muss in erster Linie durch die Nachfrager-Perspektive evaluiert werden. Seit der Jahrtausendwende gibt es zahlreiche Branchen, wie beispielsweise die Reiseindustrie, das Banken- und Versicherungswesen und den aufstrebenden eCommerce-Handel, die sich Punktesysteme, Level, Leaderboards (Ranglisten), Badges (Abzeichen) und Challenges/Quests (Aufgaben) im Rahmen ihrer Marketing- und Salesaktivitäten zunutze gemacht haben.

Dieser Prozess der ‚Lightweight Gamification' kann innerhalb einer Branche oder eines Unternehmens relativ einfach gewährleistet werden: Im Wesentlichen werden ausgewählte Elemente des Game Design auf andere Branchen übertragen.

Banken sind ein gutes Beispiel dafür, um zu dokumentieren, dass Gamification einen integrierten Bestandteil der Digitalisierung darstellt: Auf der Gamify-Konferenz in München veranschaulichten Dennis Sarimski von der Deutschen Bank und Sebastian Bender vom Developer Studio Wolpertinger Games, wie Gamification für Financial Education genutzt werden kann (vgl. Sarimski und Bender 2017): Der Handel mit Wertpapieren wird edukativ mithilfe einer speziell entwickelten GameApp vermittelt – eine relativ trockene Tätigkeit, die im Curriculum des deutschen Schulsystems nicht vermittelt wird. So soll die App simVestor (vgl. Deutsche Bank Privat- und Geschäftskunden AG 2017) dabei behilflich sein, die deutsche Aktienkultur zu wandeln, denn nur 15 % der deutschen Bevölkerung haben sich mit Aktien beschäftigt. Es geht darum, diese Hürden abzubauen. ‚Gamification ist ein neuer Weg, Themen (digital) noch einmal neu anzugehen', so Sarimski, und er artikuliert, wie es zahlreichen Branchen ergeht: Digitalisierung ist keineswegs nur ein neuer Trend, um Betriebsabläufe, Geschäftsmodelle und Managementprozesse neu zu gestalten, sondern vielmehr auch eine Chance, verkrustete Strukturen aufzubrechen.

Mit der technologischen Weiterentwicklung der Games-Branche steigt jedoch auch der Anspruch an Gamification. Die Technologien der Virtual-, Augmented- und Mixed Reality stellen hierbei im Hinblick auf die strategischen und operativen Möglichkeiten einen bedeutenden Wachstumsmarkt dar: Von der bereits beschriebenen Aufzugwartung über die Chirurgie bis zu Fertigungsprozessen in der Kfz-Industrie ergeben sich zahlreiche Einsatzbereiche.

Zweifelsohne besteht ein hoher Bedarf an ‚Enterprise Gamification' – dem Transfer von Games-Industry-Know-how auf andere Branchen – in den kommenden Jahrzehnten. Es ist jedoch unklar, wer diesen Know-how-Transfer leisten soll: Game Developer und Publisher sind dafür in der Regel strukturell nicht ausgerichtet, da ihr Fokus auf die Entwicklung von Games und Games-Technologien ausgerichtet ist. Die Hochschulen, welche prinzipiell prädestiniert wären für diese Aufgabenstellung, müssen zunächst erhebliche Qualitätsunterschiede in der Lehre nivellieren und werden auf absehbare Zeit nur eingeschränkt zum Know-how-Transfer beitragen können. Consultants und Unternehmensberatungen kämpfen mit der Ressourcenproblematik: Gute Mitarbeiter, die über das Gamification-Know-how verfügen, stehen nicht zwingend für den Berufsstand zur Verfügung. All dies stellt jedoch kein Problem dar: Das Ökosystem Games Industry ist sehr kreativ, innovativ und in der Lage, ‚schnell zu agieren'. Deshalb wird die Games Industry auch die Herausforderung Gamification erfolgreich bewältigen.

Ubisoft (vgl. Abb. 4.1) muss man erlebt und gesehen haben. Das börsennotierte französische Unternehmen (Ubisoft Entertainment S. A.) ist der Developer und Publisher einiger der erfolgreichsten Videogames aller Zeiten. Rund um den Globus betreibt Ubisoft zahlreiche Studios, die alle zu dem Portfolio des Unternehmens beitragen. Zweifelsohne ist Ubisoft eines der bedeutendsten Unternehmen der Games-Branche. Durch konsequente Internationalisierung ist es gelungen, ein börsennotiertes Firmen-Konglomerat aufzubauen, das in der Games Industry seinesgleichen sucht. Auch wenn Gamification keinen aktiven Bestandteil des Firmenportfolios darstellt, wäre diese ohne Ubisoft undenkbar. Ubisoft hat in den vergangenen Jahren konsequent an der Weiterentwicklung von Benchmarks in der Games-Branche gearbeitet und einzigartiges Know-how entwickelt, auf das nur wenige Games-Unternehmen zurückgreifen können.

Mein besonderes Interesse galt dem Flaggschiff unter den Ubisoft-Studios: Ubisoft Montreal. Das Ubisoft-Team in Quebec, im französischsprachigen Teil Kanadas, feiert dieses Jahr sein 20-jähriges Firmenjubiläum – Grund genug, das Studio vor Ort zu besuchen. Deshalb flog ich Anfang März von Frankfurt über Toronto nach Montreal (vgl. Abb. 4.2).

Abb. 4.1 Ubisoft-Logo.
(Ubisoft 2017, © Ubisoft)

© Springer Fachmedien Wiesbaden GmbH 2018
L. Anderie, *Gamification, Digitalisierung und Industrie 4.0,*
essentials, https://doi.org/10.1007/978-3-658-19865-7_4

Abb. 4.2 Toronto Island – Montreal. (Bild Dr. Lutz Anderie)

Ich dachte, der Pilot wollte zur Belustigung beitragen, als er im Landeanflug mitteilte, dass sich die Bodentemperatur auf minus 19 Grad beläuft. Doch in der Tat war es bitterkalt auf dem Weg zu dem Ubisoft-Studio (vgl. Abb. 4.3) und es trieben zahlreiche Eisschollen im Lachine-Kanal.

Aufgrund seiner Größe ist Ubisoft Montreal mittlerweile auf mehrere Stadtteile verteilt. Auf der Fahrt vom Airport zum Main Building fällt insbesondere die Zweisprachigkeit der Stadt auf – sowohl Englisch als auch Französisch ist überall zu sehen, zu lesen und zu hören.

Das Main Building (vgl. Abb. 4.4) des Ubisoft-Montreal-Studios befindet sich in einem ehemaligen Lagerhaus am 5505 Boulevard Saint-Laurent, nur 6 Meilen von der legendären F1-Grand-Prix-Strecke entfernt – natürlich sehr ansprechend und historisch korrekt restauriert. Die Lobby ist freundlich gestaltet, am Empfang herrscht reger Besucher-Traffic und beim Check-in (vgl. Abb. 4.5) gilt es, sich zu registrieren. Glücklicherweise war ich durch das deutsche Ubisoft-Team angemeldet und so wurde ich durch Fabrice Giguère, Public Relations Manager, freundlich in Empfang genommen. Die Studiotour über mehrere Stockwerke ist beeindruckend.

Fabrice (vgl. Abb. 4.6) erzählte mir dabei die 20-jährige Geschichte des Studios und natürlich von den Erfolgstiteln der vergangenen Jahre: Assassin's Creed, Watch Dogs, Far Cry, Tom Clancy's Rainbow Six, Prince of Persia und natürlich Tom Clancy's Splinter Cell – um nur einige zu nennen. Vor der ‚Wall of Fame' wird der Output des Studios transparent: Insgesamt wurden über 80 Games in den vergangenen 20 Jahren entwickelt.

Abb. 4.3 Minus 19 Grad: Ubisoft Montreal. (Bild Dr. Lutz Anderie)

Abb. 4.4 Ubisoft Montreal, Main Building. (Bild Dr. Lutz Anderie)

3300 Mitarbeiter sind bei Ubisoft Montreal beschäftigt (weltweit über 12.000) – es handelt sich um das größte Studio innerhalb der Ubisoft-Unternehmensgruppe. 80 % der Mitarbeiter sind in der Game Production tätig, der Altersdurchschnitt beläuft sich auf 33 Jahre.

Abb. 4.5 Check-in: Ubisoft Montreal, 5505 Boulevard Saint-Laurent, Quebec, Kanada. (Bild Dr. Lutz Anderie)

Abb. 4.6 Fabrice Giguère vor der Wall of Fame – über 80 Videogames wurden in 20 Jahren entwickelt. (Bild Dr. Lutz Anderie)

Branchenkenner sind sich darüber einig, dass Ubisoft „nur nette Menschen"
beschäftigt, und das merkt man auch in Montreal, die Atmosphäre ist konzentriert, aber freundlich (vgl. Abb. 4.8) und die zahlreichen Recreation Areas laden
zum Wohlfühlen ein (vgl. Abb. 4.7). Die Firmenpolitik ist weltweit von einem

Abb. 4.7 Die 3300 Mitarbeiter sollen sich wohlfühlen, es gibt zahlreiche Recreation
Areas. (Bild Dr. Lutz Anderie)

Abb. 4.8 Game Development in der Ersten Liga – die Atmosphäre ist konzentriert, aber
freundlich. (Bild Dr. Lutz Anderie)

frankophilen Touch geprägt – auch wenn die Unternehmenssprache Englisch ist. Für Kanada und insbesondere die Region Quebec ist Ubisoft Montreal auch volkswirtschaftlich von Bedeutung: Das Studio beschäftigt 30 % aller Videogames-Mitarbeiter von Quebec.

Weiterhin verfügt Ubisoft Montreal inhouse über 13 Peripheral Services – von Motion Capture bis Sound Editing – und kann dadurch auf interne Studioreserven zurückgreifen.

Als Conclusio lässt sich zusammenfassen, dass – wenig überraschend – Ubisoft Montreal ein ‚Role Model Studio' für die Games-Branche ist. Sicherlich kann man noch einige Topseller aus dem Studio erwarten und gespannt sein, was die Kanadier in den kommenden 20 Jahren entwickeln werden. Die ersten 20 Jahre waren auf jeden Fall beeindruckend.

Was Sie aus diesem *essential* mitnehmen können

- Dreiklang der Innovationen: Gamification, Digitalisierung und Industrie 4.0
- Management, Unternehmensführung und Leadership bei Digitalisierungsprozessen
- Gamifizierung aus der betriebswirtschaftlichen Perspektive
- Aktuelle Entwicklung von Virtual-, Augmented- und Mixed Reality
- Disruption und Transformation von Branchen
- Exemplarische Darstellung Gesundheitswesen und Kfz-Industrie
- Wertschöpfung und Zukunftstechnologie für Kultur- und Wirtschaftsgüter
- Künstliche Intelligenz, Artificial Empathy und Mind Cloning
- Games-Know-how im Development Studio Ubisoft in Montreal

© Springer Fachmedien Wiesbaden GmbH 2018
L. Anderie, *Gamification, Digitalisierung und Industrie 4.0*,
essentials, https://doi.org/10.1007/978-3-658-19865-7

Literatur

Anderie, L. (2016). *Games industry management*. Heidelberg: Springer Gabler.

Anderson, D. (Produzent), Borman, M. (Produzent), Kubicek, V. (Produzent), Silver, J. (Produzent) & Nicol, J. M. (Regisseur) (2009). Terminator Salvation [Film]. United States: Warner Bros. Pictures (United States) & Columbia Pictures (International).

Aruba Events GmbH. (2017). Deutscher Entwicklerpreis. http://deutscherentwicklerpreis. de/summit. Zugegriffen: 24. Aug. 2017.

Bartholdy, B., Brandhorst, S., Breitlauch, L., Czauderna, A., & Freyermuth, G. S. (2017). *Games studieren – was, wie, wo?: Staatliche Studienangebote im Bereich digitaler Spiele*. Bielefeld: transcript BildundBit.

Becraft, M. B. (2017). *Steve jobs: A biography*. Santa Barbara: Greenwood.

BIU – Bundesverband Interaktiver Unterhaltungsindustrie. (2017a). BIU Sommerfest 2017. https://www.biu-online.de/events/biu-sommerfest-2017/. Zugegriffen: 24. Aug. 2017.

BIU – Bundesverband Interaktive Unterhaltungssoftware. (2017b). APITs: Serious Games & Co. Was sind APITs – Applied Interactive Technologies? https://www.biu-online.de/ themen/apits-serious-games-co/. Zugegriffen: 24. Aug. 2017.

Birds & Trees UG. (o. J.). Patchie. http://patchieworld.com/. Zugegriffen: 23. Aug. 2017.

Breyer-Mayländer, T. (2017). *Management 4.0 – Den digitalen Wandel erfolgreich meistern. Das Kursbuch für Führungskräfte*. München: Hanser.

Bundesregierung. (2017). Merkel für mehr Digitalisierung in der Medizin. https://www. youtube.com/watch?v=pvm1cQAV90o. Zugegriffen: 23. Aug. 2017.

Bushnell, N., & Stone, G. (2013). *Finding the next Steve Jobs*. London: headline.

Cameron, J. (Produzent & Regisseur). (1991). Terminator 2: Judgment Day [Film]. United States: TriStar Pictures; Schwarzenegger und Cameron 1984–2009; Hurd und Cameron 1984; Cameron 1991; Kassar et al. 2003; Anderson et al. 2009; Ellison, Goldberg und Taylor 2015)

Christensen, C. M. (1997). *The Innovator's Dilemma – When new technologies cause great firms to fail*. Boston: Haverd Business Review Press.

Deutsche Bank Privat- und Geschäftskunden AG. (2017). simVestor – Finanzmärkte und Wertpapierprodukte spielerisch entdecken. https://www.maxblue.de/lernen-verstehen/ simvestor-spielerisch-entdecken.html. Zugegriffen: 24. Aug. 2017.

Ellison, D. (Produzent), Goldberg, D. (Produzent) & Taylor, A. (Regisseur). (2015). Terminator Genisys [Film]. United States: Paramount Pictures.

Gamify Now! (2016). GamifyConference. http://www.gamify-con.de/. Zugegriffen: 24. Aug. 2017.

© Springer Fachmedien Wiesbaden GmbH 2018   51
L. Anderie, *Gamification, Digitalisierung und Industrie 4.0,*
essentials, https://doi.org/10.1007/978-3-658-19865-7

Hawking, S. (2007). Foreword. In: Krauss, L. M. (Hrsg): *The physics of star trek* (S. XI–XIII). Philadelphia: Basic Books.

Hülsbömer, S. (2015). Gartner-Trends im Reality Check. https://www.computerwoche. de/a/gartner-trends-im-reality-check,3070089. Zugegriffen: 23. Aug. 2017.

Hurd, G. A. (Produzentin) & Cameron, J. (Regisseur) (1984). The Terminator [Film]. United States: Orion Pictures.

Kassar, M. (Produzent), Vajna, A. G. (Produzent), Michaels, J. B. (Produzent), Lieberman, H. (Produzent), Wilson, C. (Produzent) & Mostow, J. (Regisseur) (2003): Terminator 3: Rise of the Machines [Film]. United States: Warner Bros. Pictures (United States) & Columbio Pictures (International).

King, B. (2016). *Augmented – Life in the smart lane*. Singapore: Marshall Cavendish Editions.

Kotler, P., Kartajaya, H. & Setiawan, I. (2017). *Marketing 4.0 – Moving from traditional to digital*. New Jersey: Wiley.

Krauss, L. M. (2007). *The physics of star trek*. Philadelphia: Basic Books.

Kurzweil, R. (2012). *How to create a mind: The secret of human thought revealed*. New York: Gerald Duckworth & Co.

Li, C. (2017). Artificial intelligence is nothing without artificial empathy. https://www. ibm.com/think/marketing/artificial-intelligence-is-nothing-without-artificial-empathy/. Zugegriffen: 23. Aug. 2017.

Liebtrau, R. M. (2012). *Gamification von Dienstleistungen zur Aktivierung von Kundenressourcen*. Leipzig: Universität Leipzig.

Lober, A. (2017). IP/IT/Medien. https://www.beiten-burkhardt.com/de/component/attachments/download/5274:BB%20NL%20Industrie%204.0%20-%202017%20de%20Web. pdf. Zugegriffen: 23. Aug. 2017.

Lyons, D. (2017). *Disrupted – My Misadventure in the Start-Up Bubble*. New York: Hachette Books.

Martinez, A. G. (2016). *Chaos monkeys – Inside the sillicon valley money machine*. London: Ebury Press.

Owen, J. (2015). *How to lead* (4. Aufl.). London: Pearson.

Owen, J. (2015). *How to manage* (4. Aufl.). London: Pearson.

Wissen, Planet. (2017). Gamification: Wie der Spielbetrieb uns packt. *Ausstrahlung vom, 15*(05), 2017.

PWC. (2017). The Global Innovation 1000: Comparison of R&D Spending by Regions and Industries. https://www.strategyand.pwc.com/global/home/what-we-think/innovation1000/rd-intensity-vs-spend-2014. Zugegriffen: 23. Aug. 2017.

Quo Vadis (o. J.). Quo Vadis – create.game.business. http://qvconf.com/. Zugegriffen: 24. Aug. 2017.

Ridley, M. (2006). *Genome – The autobiography of a species in 23 chapters*. New York: Harper Perennial.

Rothblatt, M. (2014). *Virtually human. The promise – and the peril – of digital immortality*. New York: Picador.

Samsung. (2017). Die neue Einkaufserfahrung. http://www.samsung.com/de/business/ industry/retail/. Zugegriffen: 23. Aug. 2017.

Sarimski, D. & Bender, S. (2017). Games Anwendungen in der Finanzwirtschaft, *Gamify-Conference*, München.

Sastra, A., & Penn, K. (2014). *Fail better: Design smart mistakes and suceed sooner*. Boston: Havard Business Review Press.

Sauer, I. M. (2017). Diskussion: Head-mounted Displays in der Chirurgie – zeichnet sich ein fundamentaler Wandel chirurgischen Handelns ab?, *Serious Games Conference 2017*, Hannover.

Schell, J. (2016). *Die Kunst des Game Designs – Bessere Games konzipieren und entwickeln*. 2. Aufl., Frechen: mitp.

Schwab, K. (2016a). *Die Vierte Industrielle Revolution*. München: Pantheon.

Schwab, K. (2016b). *The Fourth Industrial Revolution*. New York: Crown Business.

Schweiger, T. (Produzent & Regisseur) & Zickler, T. (Regisseur) (2014): Honig im Kopf [Film]. Deutschland: Barefoot Films.

Serious Games GmbH. (2016). Serious Games Solutions – The Gamification Experts. http://www.serious-games-solutions.de/games-for-health/. Zugegriffen: 23. Aug. 2017.

Silver, J. (Produzent), Wachowski, L. (Regisseur) & Wachowski, L. (Regisseur). (1999). The Matrix [Film]. United States & Australia: Warner Bros. Picutres (United States) & Roadshow Entertainment (Australia).

Silver, J. (Produzent), Wachowski, L. (Regisseur) & Wachowski, L. (Regisseur). (2003a). The Matrix Reloaded [Film]. United States & Australia: Warner Bros. Picutres (United States) & Roadshow Entertainment (Australia).

Silver, J. (Produzent), Wachowski, L. (Regisseur) & Wachowski, L. (Regisseur). (2003b). The Matrix Revolution [Film]. United States & Australia: Warner Bros. Picutres (United States) & Roadshow Entertainment (Australia).

Stieglitz, S. (2017). Enterprise Gamification – Vorgehen und Anwendung. In Strahringer, S. & Leyh, C. (Hrsg.), *Gamification und Serious Games – Grundlagen, Vorgehen und Anwendungen* (S. 3–14). Wiesbaden: Springer-Verlag.

Stock, R. (2017). Serious Games gegen Krebs, Diabetes & Co.: Wie wir mit der Hilfe von Communities Krankheiten heilen können – und was die Business-Welt daraus lernen kann, *GamifyConference*, München.

Strahringer, S., & Leyh, C. (2017). Vorwort. In Strahringer, S. & Leyh, C. (Hrsg.), *Gamification und Serious Games – Grundlagen, Vorgehen und Anwendungen* (S. V–VI). Wiesbaden: Springer-Verlag.

Thera Bytes UG. (o. J.). Memwalks. http://therabytes.de/memwalks/. Zugegriffen: 23. Aug. 2017.

Vance, A. (2015). *Elon Musk. Tesla, SpaceX, and the Quest for a Fantastic Future*. New York: Ecco.

Veenstra, M. (2017). HoloLens – umfassende Datenvisualisierung mit Virtual Reality, *Serious Games Conference 2017*, Hannover.

Voitz, T. (2017). Gamification als Change-Management-Methode im Prozessmanagement. In Strahringer, S. & Leyh, C. (Hrsg.), *Gamification und Serious Games – Grundlagen, Vorgehen und Anwendungen* (S. 43–54). Wiesbaden: Springer Verlag.

Westerman, G., Bonnet, D., & McAffee, A. (2014). *Leading digital – Turning technology into business transformation*. Boston: Havard Business Review Press.

Woods, C. (2013). *The devil's advocate – 100 business rules you must break*. London: Pearson.

ZDF Zweites Deutsches Fernsehen. (2016). Richard David Precht spricht mit Prof. Harald Lesch. https://www.zdf.de/gesellschaft/precht/herrschaft-der-zahlen-harald-lesch-100.html. Zugegriffen: 24. Aug. 2017.

Zichermann, G., & Cunningham, C. (2011). *Gamification by design*. Bejing: O'Reilly.

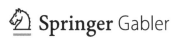

Printed in the United States
By Bookmasters